LES ENFANTS
DICTATEURS

LES ENFANTS DICTATEURS

Fred G. Gosman

Comment ne pas céder à leurs caprices

Traduit de l'américain par Louise Drolet

ÉDITION DU CLUB QUÉBEC LOISIRS INC.
© Avec l'autorisation de Le Jour, Éditeur
© Le Jour, Éditeur, 1994
Titre original: Spoiled rotten
© 1990, Fred Gosman
Dépôt légal — Bibliothèque nationale du Québec, 1995
ISBN 2-89430-150-2
(publié précédemment sous ISBN 2-8904-4527-5)

 IMPRIMÉ AU CANADA

Avertissement

Ce livre est né de la frustration croissante que je ressentais devant le comportement des jeunes. À partir de 40 ans, j'ai trouvé de plus en plus difficile de garder le silence.

Le sens du travail et de la moralité décline à un rythme alarmant. Je suis *étonné* de constater la médiocrité d'un grand nombre de nos jeunes qui choisissent la voie de la facilité.

Et j'en ai assez de voir les parents céder à tous les caprices de leurs enfants, en donnant *beaucoup* d'eux-mêmes et en recevant souvent très peu en retour.

Il serait simple de baisser les bras et d'affirmer que ce qui marchait avant n'est plus valable aujourd'hui. Mais ce serait aussi choisir la voie de la facilité.

Car je persiste à croire à la force et à la bonté profondes des gens, et je sens que des millions de personnes partagent cette foi. Ce sont peut-être des grands-parents qui observent dans un silence horrifié le comportement de leurs petits-enfants. Ce sont peut-être des parents qui ont le sentiment que quelque chose ne va pas, mais se sentent impuissants. Et ce sont peut-être même des enfants qui ont conscience que leur habitude de ne rien se refuser et leur apathie sont loin d'être naturelles.

Je sais très bien que pour reprendre la situation en main, nous, parents, avons besoin de communiquer, de nous épauler, de faire respecter nos valeurs et d'entourer nos enfants de plus d'amour et de moins d'objets. C'est seulement quand nous opérerons un changement que nos enfants et nous retrouverons notre confiance.

C'est dans cet esprit que je dédie ce livre à mes deux enfants, Bobby et Mike.

Fred Gosman

Introduction

Que sont devenus nos enfants?

Vous rappelez-vous l'époque où les gosses tondaient la pelouse au lieu de sécher leurs cours et juraient *sur* la tête de leurs parents au lieu de leur crier *par* la tête?

L'époque où les bals de finissants ne coûtaient pas 300 $ et où le jour du Souvenir* n'était pas seulement un pique-nique?

L'époque où les gens apprenaient l'estime de soi à la maison et non sur les bancs d'école, et où les joueurs de tennis professionnels se conduisaient comme il faut?

Récemment, dans un parc, on a découvert cinq enfants qui utilisaient des rognures de gazon et du sucre pour diriger un soi-disant réseau de cocaïne. On aurait envie de dire comme ce fonctionnaire: «Où est passée la limonade?»

De plus en plus, l'image que nos enfants ont d'eux-mêmes se fonde sur le nombre de leurs jouets. L'excellence s'en va à vau-l'eau; la prévenance est réservée aux personnes vieux jeu, et roter doucement est entré dans les bonnes manières.

C'est le tissu moral de la société qui est menacé. Nos maires consomment de la drogue; de nombreuses écoles secondaires sont dotées de garderies. L'alcoolisme a envahi les écoles

---

* *Memorial Day:* cette fête est célébrée le dernier lundi de mai aux États-Unis. [N.D.T.]

intermédiaires et le nombre de viols commis par des connaissances *(date rape)* grimpe en flèche sur les campus.

Beaucoup d'enfants croient qu'ils ont été mis au monde
pour jouer, que tout doit être amusant. Ils considèrent les
mathématiques et l'orthographe comme des aptitudes non pertinentes et inutiles à l'ère des calculatrices et des ordinateurs
dotés de vérificateurs d'orthographe.

Récemment, un professeur du secondaire donna à sa classe
un roman de Dickens à lire à la maison. Un élève demanda s'il
existait sur vidéo...

L'élève du secondaire qui ne se rend pas à son bal de finissants en limousine en restera marqué à vie. Au collège, les étudiants les meilleurs et les plus brillants croient que la «vie est
un bal».

Souvent, même les étudiants en sciences politiques ne se
soucient pas de voter. Lors d'un récent sondage, un jeune
homme affirma que l'on *payait* les adolescents pour qu'ils
votent, tandis qu'un autre à qui on demandait ce qui caractérisait son pays répondit: «La câblodistribution.»

Quand un enfant du voisinage est-il venu sonner à votre
porte pour vous offrir de déblayer votre entrée ou de tondre votre
pelouse la dernière fois? Nous vivons à une époque de tondeuses
à gazon et de souffleuses à neige motorisées. Les enfants pourraient facilement gagner dix dollars l'heure, mais ils s'en fichent.

La médiocrité en tant que privilège a envahi l'école intermédiaire, et les enseignants se heurtent souvent à l'apathie et à l'irrespect des élèves, et même à la possibilité d'une agression. De nombreux enfants de dix ans connaissent deux fois plus de marques de
bière que de chefs politiques. Et à mesure que les normes du rendement général et scolaire déclinent, un travail jadis jugé médiocre
est dorénavant considéré comme excellent, ce qui fait que nos
enfants ne sont jamais poussés à découvrir leur véritable potentiel.

Comment pouvons-nous reprendre nos enfants en main et
remettre à l'honneur le respect, l'excellence, la courtoisie et la
décence, sans parler de l'estime de soi? Car ces enfants de
l'abondance ne sont pas heureux. Lors d'un sondage mené
auprès d'élèves cités dans le *Who's Who in American High
Schools,* 28 p. 100 ont avoué avoir envisagé le suicide. Et certains
d'entre eux font partie de l'élite.

Nos gosses ont besoin de discipline, d'orientation, d'amour et du cadeau de notre temps. Rien de plus ni de moins. La bataille n'est pas perdue; nous *pouvons* transformer leur vie. Mais nous devons cesser de les couvrir de cadeaux et de jouets, cesser de nous soucier avec déraison de leur moindre pensée et sentiment, et cesser d'accepter leur médiocrité.

Nous devons exprimer clairement nos valeurs, les communiquer de façon explicite et prendre des mesures énergiques lorsqu'elles ne sont pas respectées.

Le moment est venu de rappeler à nos enfants qu'ils ne sont, hélas! que des enfants; que, même s'ils sont très importants, la Terre continue de tourner autour du Soleil.

Nos jeunes méritent une vie fondée sur des valeurs essentielles, sur le bonheur et l'estime de soi, tout comme nous méritons leur collaboration et leur courtoisie. Les choses ne peuvent plus continuer comme ça.

C'est MAINTENANT qu'elles doivent changer.

Nos enfants gâtés

Des nurseries de cocagne

Avoir un enfant est sans doute l'expérience la plus formidable que l'on puisse vivre. Voir un petit naître est à la fois impressionnant et inoubliable.

Soudain, l'argent devient aussi jetable que les couches du bébé, et même les parents pauvres sont pris d'une folie dépensière qui les pousse à donner au nouveau-né absolument tout ce dont *eux* peuvent rêver.

Les parents radieux tentent désespérément de faire en sorte que leur enfant ait une meilleure vie qu'eux, négligeant la forte probabilité qu'eux-mêmes s'en soient si bien tirés justement parce qu'ils *n'ont pas* eu tout ce qu'ils voulaient.

Il est clair que la vie change avec la venue d'un bébé et que bien des achats s'imposent: un lit d'enfant, une berceuse, une table à langer, une commode, un mobile, une chaise haute, un parc, des biberons, une poussette, et j'en passe. Tous ces objets sont nécessaires. Mais comme nous dépassons la mesure parfois!

Les parents particulièrement zélés commencent le processus quand l'enfant est encore dans le sein de la mère. Un gynécologue californien (bien sûr!) donne des cours prénatals dans lesquels les parents parlent à leur enfant dès le cinquième mois de la grossesse. Papa a la chance de s'adresser directement au ventre de maman tandis que maman se sert d'un appareil qui ressemble à un mégaphone pour parler à son utérus.

15

Espérons que ces merveilles de parents se rappelleront de communiquer avec leur môme *après* sa naissance!

Nous nous laissons abuser par des chaînes de boutiques spécialisées en meubles pour enfants de conception européenne exclusive. Résultat: la petite table de notre fils ressemble à une belle grosse tranche de pastèque rouge (une belle tranche, mais néanmoins une tranche), et nous possédons les coffres à jouets les plus grands et les plus jolis de tout le pays.

Bellini est une franchise particulièrement à la mode qui importe des meubles européens spécialement conçus pour les enfants. Des exemples d'annonces publiées dans la trousse de franchise illustrent l'attrait de l'excessif qui caractérise notre société.

L'une d'elles, intitulée «Nouveaux venus», soutient: «Si vos projets pour le nouveau-né englobent l'achat de meubles Bellini, l'arrivée de bébé sera certainement une expérience inoubliable.» Comme si vous risquiez d'oublier son arrivée en osant acheter votre lit d'enfant chez Sears!

Une autre annonce, qui porte le titre incroyable de «Commencer sa vie avec une cuiller d'argent dans la bouche», affirme que les meubles Bellini sont le «choix sûr quand ce qui est bon ne suffit pas pour votre enfant et qu'il vous faut ce qu'il y a de meilleur».

Comme ce serait simple si des meubles coûteux suffisaient à garantir le bonheur d'un enfant!

En fait, la mode a envahi le marché des tout-petits. Selon le directeur général d'une association de fabricants d'articles pour enfants, cela «est un don du ciel pour l'industrie», laquelle a vu son chiffre d'affaires augmenter de plus de 100 millions de dollars.

Un détaillant fait observer que la sécurité a atteint un plafond et que, désormais, «les projecteurs sont braqués sur la mode». Écoutons le gérant d'un magasin de jouets nous dire la vérité en face: «De nos jours, la mode, c'est plus qu'une jolie couette. Les fabricants de biens non durables coordonnent les couleurs de leurs produits avec celles des biens durables et même avec les papiers peints. Ils offrent aussi des gammes de produits entièrement coordonnées, qui englobent les chaises hautes, les douillettes pour enfant et d'autres produits.»

Ce qui est simple et normal est désormais inacceptable; les produits chers et luxueux sont à l'ordre du jour. Les abat-jour doivent s'harmoniser avec les draps, et les lits, ressembler à des voitures. Le toit de la poussette doit être muni de volants, et on vend des porte-sucette à pince de diverses couleurs destinés à s'harmoniser avec les vêtements du bébé.

Même les biberons n'échappent pas à ce phénomène. Les biberons ordinaires ne sont plus assez bons. Aujourd'hui, il suffit de se rendre au magasin du coin pour trouver des «collections de biberons de marque», des biberons ornés de personnages connus ou de jolis motifs. Une compagnie promet un anneau et une rondelle d'étanchéité de couleurs harmonisées tandis qu'un concurrent invite les parents à rechercher son «biberon assorti».

Une compagnie va même jusqu'à fabriquer des couches de styliste comportant 65 motifs différents (oui, 65!). Essayez celles qui portent un message d'amour personnalisé — une nécessité absolue pour le développement de votre enfant! Ces couches coûtent environ 2 $ chacune, mais ne vous arrêtez pas là. Pour quelques cents de plus, vous pouvez y faire imprimer le nom de votre enfant... Le styliste de la compagnie déclare en parlant de nombreux parents modernes: «Il n'y a rien qu'ils n'achèteraient pas pour leurs enfants.»

Tiffany fabrique des tasses de bébé en argent qu'elle vend 850 $*. Cartier offre un ensemble de vaisselle en porcelaine pour enfant comprenant six pièces qui se vend «exceptionnellement bien» et coûte 267 $. Qu'est-ce qui viendra ensuite? Un manteau de vison pour les bambins de deux ans?

Certains parents avaient l'habitude de se quereller pour savoir qui avait le plus beau bébé. Aujourd'hui, c'est à qui a les plus extraordinaires accessoires:

«Je viens d'acheter le meilleur siège d'auto pour mon enfant, de se vanter une mère. Il est anthropométrique.» (Qu'importe ce que cela veut dire!)

Son amie lui répond: «Merveilleux, dit-elle. Moi, je viens d'acheter une balançoire qui se transforme en siège d'auto et en poussette ainsi qu'un volant de lit dans les tons de jaune et de bleu.

— Très bien, de répliquer l'autre froidement. Au fait, t'ai-je dit que la balançoire de mon bébé pouvait fonctionner pendant

---

* Tous les montants d'argent cités dans ce livre sont exprimés en dollars américains.

50 heures sans interruption avec deux piles? Toi, tu dois encore remonter la tienne, n'est-ce pas?

— Oui, répond l'amie embarrassée, mais la balançoire de Linda est conçue de manière à produire un mouvement doux, semblable au mien, et son oreiller joue des berceuses apaisantes.»

Voyant qu'elle a le dessous, la mère sent la moutarde lui monter au nez: «Écoute, chère, le mobile musical de ta fille n'est pas commandé par la voix, sa petite couverture est déchirée à deux endroits, et la couleur de sa chaise haute ne s'accorde même pas avec le reste!»

Et les amies poursuivent sur le même ton.

Si seulement élever un enfant merveilleux et fragile était aussi simple que de lui offrir un équipement de rêve. De nombreux parents dépassent la mesure parce qu'ils savent que les enfants grandissent très rapidement, et ils veulent saisir les moments précieux pendant qu'ils passent.

Il est clair que nous ne faisons pas tout cela pour les bébés puisque ceux-ci se fichent des volants et des dentelles. Rien d'étonnant à ce que les enfants rendent leurs parents dingues parce qu'ils veulent des vêtements à la mode. Les parents peuvent difficilement esquiver les conséquences de leur propre univers aux couleurs méticuleusement harmonisées.

Et quelque part dans ce pays, un enfant reçoit une correction pour avoir abîmé sa douillette design.

Les parcs sont tellement remplis de jouets qu'il n'y a pratiquement plus de place pour l'enfant. Je vois d'ici la une: «Bébé empalé sur son classeur de formes.» Il est évident que les enfants ont besoin de toutes sortes de bons jouets pendant leurs premières années, mais, malheureusement, bien des parents préfèrent la quantité à la qualité.

Supposons que notre enfant veuille transformer une aire de jeu en pavillon sportif. Pourquoi ne pas trouver une grosse boîte que vous décorerez de photographies d'enfants? L'enfant pourrait même la colorier avec ses amis. Au lieu de cela, nous payons 150 $ pour les merveilles non assemblées et préfabriquées que l'on vend dans les magasins de jouets.

Et que dire de notre engouement pour les ensembles de jeux d'extérieur hautement perfectionnés? Comment l'enfant peut-il apprécier l'équipement du terrain de jeu ou du jardin d'enfants si les jeux qu'il possède à la maison sont meilleurs?

De nombreuses compagnies visent ces jeunes branchés et offrent des balançoires qui coûtent souvent plus de 300 $. Vous rappelez-vous l'époque où une balançoire n'avait pas besoin d'être «étroitement assortie aux besoins sociaux et physiques de l'enfant»? Pour autant qu'elle avait la bonne hauteur, les mômes étaient ravis. Aujourd'hui, plus elle comporte d'éléments, meilleur est le parent.

Une mère raconte ses malheurs dans un magazine destiné aux parents: «Quant à acheter une balançoire, nous avons décidé d'acquérir la meilleure: le modèle de luxe, tout en bois, pour gymnaste yuppie. Elle avait fière allure dans notre cour, mais les gosses n'étaient pas portés à l'utiliser. Ils préféraient la balançoire en métal du voisin, qui coûte le tiers du prix de la nôtre.»

Nos garages débordent de véhicules pour enfants même si ceux-ci ne peuvent en conduire plus d'un à la fois. Pas étonnant que la tondeuse soit introuvable. Scooters, engins à petites roues, à grandes roues, à roues intermédiaires, coupés, véhicules à quatre et à huit roues motrices, ils sont tous là.

Toutefois, les parents vraiment aimants offriront à leurs enfants une des voitures fonctionnant à piles que l'on trouve maintenant sur le marché. Certes, les gosses n'utilisent pas leurs jambes pour pédaler, mais ne vous en faites pas, leurs muscles se développeront sans doute correctement quand même.

Ces voitures sont sorties il y a quelques années et coûtent entre 150 et 250 $. Certaines sont équipées de pneus Goodyear, d'autres, d'un pare-brise repliable et de vrais phares. Surtout, prenez bien garde d'offrir à votre enfant une voiture non équipée d'un *C.B.* ou d'un téléphone cellulaire jouet: son développement psychologique pourrait en souffrir gravement!

Aux yeux des parents qui exigent ce qu'il y a de meilleur, même ces supervéhicules peuvent sembler ennuyeux. Ne laissez pas votre enfant se faire prendre à conduire *n'importe quelle* voiture: achetez-lui des voitures Prestige Mini Motors. Vraiment.

À l'occasion de Noël il n'y a pas si longtemps, Toys R Us publiait une annonce pleine page sur les voitures à piles de marque Prestige. Le titre attirait les lecteurs en affirmant qu'il s'agissait des «prix de détail les plus bas pour ces importations de luxe». L'annonce suppliait les parents de «remettre à leur enfant les clés d'une élégante voiture sport européenne».

19

Bien sûr, ces voitures ne suffisent pas à amuser les enfants; aussi, soyez prêts à acheter le panneau stop, le panneau de sens interdit, la station-service jouet et les feux de circulation qui fonctionnent pour vrai. Après tout, ça coûte seulement de l'argent, et nous devons protéger notre investissement!

Le domaine des appareils électroniques pour enfants connaît un essor similaire malgré le fait que nos gosses grandiront et nous casseront les oreilles avec leurs chaînes stéréo et leurs radiocassettes tonitruantes.

Sony a lancé «Ma première collection Sony», qui comprend des radiocassettes et des chaînes stéréo spécialement destinées au bambin punk avisé. La compagnie assure que les pièces des modèles de sa collection «ont été réduites afin que les enfants puissent les utiliser sans problème» et sont munies de boutons plus petits «parfaitement adaptés à leurs petites menottes». Qui a dit que l'enfant qui joue encore dans son parc était trop jeune pour apprendre la fidélité à une marque?

Les jouets éducatifs informatisés abondent, et papa et maman font leur possible pour donner à leurs enfants le meilleur niveau d'instruction possible. Et ce, en dépit du fait que les enfants regardent *Sesame Street* huit fois par semaine et sont déjà très avancés pour leur âge.

Vous vous souvenez du jeu «La dictée magique»? Y a-t-il des parents dont les enfants ont joué avec ce jeu plus de quelques jours? Il faudrait plutôt l'appeler «La dépense magique». La dernière génération de produits informatisés émet des bips fabuleux et donne de merveilleux messages d'encouragement à nos enfants pendant qu'ils apprennent à lire et à compter.

Tous ces jouets sont-ils utiles? Les résultats scolaires de nos enfants ne continuent-ils pas de décliner malgré cette accessibilité à la technologie nouvelle? Et si les enfants d'âge préscolaire apprennent à lire et à compter à la maison, est-ce qu'ils ne risquent pas de s'embêter quand ils commenceront l'école et devront réchauffer la matière?

Mes amis, nous sommes en train d'élever toute une génération d'enfants qui pensent qu'apprendre doit être amusant. En réalité, nos enfants auront de nombreux professeurs assommants. Ils devront quand même être attentifs et apprendre, une tâche rendue plus compliquée par ces machines conviviales.

20

Les fêtes d'anniversaire donnent aussi lieu à des excès. Vous souvenez-vous de l'époque où manger une pointe de gâteau et épingler la queue sur l'âne les yeux bandés étaient suffisants? La plupart des enfants s'amusaient comme des fous et pensaient même à vous remercier en partant. Plus maintenant.

Aujourd'hui, les fêtes d'anniversaire sont des événements organisés. Les parents rivalisent ouvertement entre eux pour créer la fête qui fera le plus parler d'elle. Pourquoi ne pas emmener toute la garderie au cirque puis au restaurant? N'hésitez pas… tant pis s'ils ont l'estomac plein de barbe à papa! Mais ne faites pas l'erreur de les emmener à la salle de jeux vidéo du coin. Avec de la chance, la moitié seulement de ces petits chéris bien élevés vous demanderont d'autres pièces quand ils auront dépensé les leurs.

Avez-vous remarqué à quel point nous sommes obsédés aujourd'hui par les ornements de fête? Pourquoi la génération actuelle ne peut-elle comprendre que l'enfant fêté mérite d'accaparer l'attention? Autrefois, on pouvait donner aux enfants un yo-yo de plastique peu coûteux, et ils étaient contents.

Aujourd'hui, certains parents se cassent la tête pour trouver l'article à succès qui fera que les invités (et leurs parents) parleront de la fête pendant des mois. Inévitablement, même ces ornements de fête coûteux seront brisés ou perdus en quelques minutes, mais cela ne semble pas avoir d'importance.

Voici une histoire vraie. Je reconduisais chez eux les enfants qui avaient assisté à la fête d'anniversaire de mon fils de cinq ans lorsqu'un gosse assis à l'arrière murmura à son voisin: «Ils doivent être pauvres. Nous n'avons pas eu de cadeaux-souvenirs.»

Il arrive, lors de certaines fêtes d'anniversaire auxquelles la famille est conviée, que des parents bien intentionnés apportent des présents non seulement à l'enfant fêté mais encore à ses frères et sœurs. Leurs intentions sont honnêtes: ils veulent empêcher ceux-ci de se sentir délaissés. Il y a peut-être quelque chose que je n'ai pas saisi, mais est-ce qu'ils ne *doivent* pas être délaissés justement? *Ce n'est pas leur anniversaire!* La naissance d'un nouveau bébé est l'occasion idéale et peut-être la seule où l'on doive offrir des présents aux frères et sœurs.

Les souvenirs sont désormais obligatoires, un droit acquis pour les jeunes. Emmenez un enfant au cirque, et il *doit* avoir un masque de clown. Cela ne suffit pas que vous dépensiez douze dollars pour chaque billet, cinq pour le stationnement et six autres pour trois petites boissons gazeuses (dont deux seront renversées).

Nous, les parents, essayons souvent de donner à nos enfants à peu près tout ce dont *nous* pouvons rêver. Ce faisant, nous détruisons l'excitation qui n'existe que lorsque les cadeaux se font *rares*. Nos enfants sont blasés, ils n'apprécient pas tout ce que nous leur donnons et finissent par *s'attendre* à avoir tout ce qu'ils veulent.

Je suis coupable, et peut-être que vous l'êtes aussi. La possession de trop de biens matériels prive nos enfants de leur innocence et les rend difficiles à surprendre. Nous devons remédier à cette situation avant qu'ils se mettent à croire qu'ils ont droit à plus encore.

Car quand nous comblons tous les désirs de nos enfants, ils ne rêvent plus à rien. Et la vie perd son caractère merveilleux.

RAPPELS

- C'est l'amour et non la mode qui devrait être le décor d'une chambre d'enfant.
- Les ensembles de jeux d'extérieur ne devraient pas comporter plus de 14 éléments différents.
- Une voiture à piles de luxe ne devrait pas coûter plus que la voiture familiale.
- Ce n'est pas parce que nous pouvons acheter un jouet à nos enfants que nous devrions le faire.
- Nos enfants ne devraient pas posséder plus de véhicules que l'armée.
- Nous ne devrions pas nous plaindre que nos jeunes se changent en rockers punks si nous leur donnons des chaînes stéréo pour leur troisième anniversaire.
- Les méthodes d'éducation informatisées ne sont pas fameuses si elles font que tout enseignement humain paraît assommant à nos enfants.
- Les parents ne devraient pas passer plus d'une demi-année à planifier les fêtes d'anniversaire de leurs enfants.
- Les enfants ne mourront pas s'ils acceptent que l'enfant fêté monopolise l'attention.
- Le rôle de parent n'est pas une chirurgie du cerveau.

Des jouets, encore des jouets

Si l'on en croit le président de l'association américaine des fabricants de jouets, il existe environ 150 000 jouets sur le marché actuellement. Bon nombre d'adultes semblent s'acharner à les acheter tous pour leur petite merveille.

Même les parents qui ne croient pas commettre des excès se rendent compte que leurs bambins timides et avides maîtrisent facilement les aptitudes psychologiques complexes qui leur permettent de manipuler leurs parents. En conséquence, les coffres à jouets affligés de hernies et les listes de souhaits de plusieurs pages sont monnaie courante. Obtenir ce que l'on veut est devenu une loi naturelle de l'enfance.

La coupable est, bien sûr, la télévision. Des annonceurs astucieux se servent de la télévision pour pousser nos enfants à demander des absurdités hors de prix. Il suffit que l'enfant de trois ans voie une publicité sur une nouvelle poupée pour que la famille s'agrandisse aussitôt d'un nouveau membre. Rappelez-vous le bon vieux temps où la télévision n'existait pas.

Malheureusement, la télévision est là pour rester. Les enfants de deux ans à cinq ans regardent en moyenne quatre heures de télévision par jour, soit beaucoup plus de temps qu'ils ne passent avec leur père ou souvent même avec leur mère. Au cas où vous vous demanderiez pourquoi tous les résultats des examens universels de fin d'année pointent vers le bas, pensez

23

que lorsque l'enfant atteint l'âge de 18 ans, il a regardé 15 000 heures de télévision tandis qu'il n'a eu que 11 000 heures de cours.

Soumis à cette torture télévisuelle, nos enfants sont exposés à des milliers de publicités doucereuses qui, toutes, se vantent d'illustrer les produits les plus sensationnels de la décennie. Les fabricants de jouets dépensent des millions de dollars en publicité. Ils ne sont pas stupides: si leurs «messages informationnels» ne marchaient pas, ils investiraient leur argent ailleurs.

Un chercheur a établi à 19 le nombre de spots publicitaires présentés à l'enfant qui regarde une heure de dessins animés. Ainsi, l'enfant qui regarde des dessins animés pendant quatre heures le samedi matin est bombardé par 76 annonces publicitaires, soit presque *4 000 par année.*

Peut-on raisonnablement s'attendre que les bambins et les jeunes enfants se défendent contre cet assaut de plusieurs millions de dollars? Toutes ces publicités sont habilement conçues, avec une musique séduisante et un éclairage parfait. Elles utilisent des trucages visuels complexes et font voir des scènes irréalistes. Tous les jouets ont été parfaitement agencés pour la caméra (un miracle secondaire), et les gosses ne cessent de sourire, même quand leurs cuirassés sont en train de couler.

Pourquoi la société permet-elle que les enfants soient manipulés de la sorte? De nombreux pays d'Europe protègent systématiquement les enfants contre cette forme d'exploitation. Comment peut-on espérer que des bambins puissent juger avec précision de la valeur ludique d'un jouet en se fiant uniquement à une annonce attrayante de 30 secondes? Ils ne peuvent pas voter avant d'avoir 18 ans. Comment peuvent-ils analyser des jouets avec circonspection à quatre ans?

Pourtant, chaque fois que des spécialistes des jouets défendent ce viol commercial de nos enfants, ils pontifient sur le sens inné de la valeur que possèdent les enfants et sur l'impossibilité de «berner» un bambin de trois ans. Foutaises! Nous les bernons tous les jours.

Et pourquoi n'indique-t-on pas le *prix* des jouets dans ces annonces? Même si nous supposons que nos enfants sont assez mûrs pour prendre des décisions judicieuses, comment pourraient-ils le faire sans connaître le prix d'un jouet? La plupart des adultes n'achètent rien sans en connaître le prix, pas plus, d'ailleurs, que les responsables du marketing des jouets.

Ne serait-ce pas merveilleux si le fabricant suggérait une liste de prix à la fin de l'annonce? Les magasins pourraient quand même vendre l'article au prix qu'ils désirent, et les soldeurs vendraient toujours moins cher que leurs concurrents. Mais les enfants posséderaient au moins un cadre de référence et pourraient même apprendre leurs mathématiques du même coup.

Aux répercussions des publicités télévisées vient s'ajouter la croissance de la fabrication sous licence qui consiste à imprimer le portrait des personnages favoris des enfants sur des objets aussi divers que des jouets, des t-shirts, des boîtes à lunch et même des boîtes de pâtes alimentaires.

Ce phénomène est récent. Autrefois, seuls les personnages au succès éprouvé pouvaient faire l'objet d'une licence. Aujourd'hui, l'octroi de licences et le marketing passent en premier et leur objet ensuite. Selon un responsable, la vente mondiale de produits autorisés a sextuplé depuis dix ans pour atteindre un montant *annuel* d'environ 60 milliards de dollars.

Lisez les revues commerciales, et vous verrez tout de suite la place prépondérante qu'occupe l'octroi de licences. Une exposition récente sur la fabrication sous licence réunissait 5 100 responsables de marketing. Voilà un grand nombre de personnes futées qui font tout pour amener nos enfants à nous faire dépenser. Pas étonnant que nous soyons perdants.

Rappelez-vous l'année où les marionnettes California Raisins sont devenues populaires. Oui, elles étaient mignonnes, mais est-il essentiel, juste parce que des figurines fantaisistes sont séduisantes, de coller leur portrait sur tout? Avions-nous vraiment besoin de les retrouver sur des taies d'oreiller, des draps, des sacs de couchage, des *sweat-shirts*, des sous-vêtements, des parapluies, des marionnettes, des montres, des lacets, des pyjamas, des biberons, et j'en passe?

Pourquoi ne pouvons-nous laisser à nos enfants le temps de s'amuser avec les produits autorisés que nous leur avons offerts *le mois dernier*? Nous voulons leur inculquer des valeurs fondamentales et durables et, pourtant, nous leur permettons de passer d'une marotte à l'autre.

Et que feront-ils quand le produit passera de mode? Continueront-ils de jouer au jeu des «Raisins en cavale»? Jamais de la vie.

Miraculeusement, Mickey Mouse vient de célébrer son soixantième anniversaire. Pensez-vous que Bart Simpson vivra jusqu'à dix ans?

Les enfants d'aujourd'hui sont soumis à une forme d'exploitation des plus cruelles lorsqu'ils regardent des publireportages, soit des émissions de télévision spécialement axées sur la vente de jouets. Les chaînes ne diffusent pas de spots publicitaires sur les jouets présentés pendant l'émission, mais qu'importe. La demi-heure tout entière n'est qu'un long message publicitaire.

Ce phénomène est nouveau, et nous devons son apparition à l'innocente poupée Fraisinette et à la figurine He-Man. La Federal Communications Commission ne voyait pas d'un très bon œil ce type d'émissions, mais dans les années 1980, cela a changé. Une étude récente a montré qu'en un an, on a présenté «au moins 70 émissions qui ne sont guère plus que des publicités de 30 minutes sur des jouets».

Les concepteurs de ces émissions recherchent les dollars et non les trophées. Chaque émission met en vedette des tas de héros et de méchants, et vise à vendre une panoplie de figurines articulées, chacune étant vendue séparément (où diable sont passés les ensembles?). Comptez sur le héros pour conduire un véhicule complexe et bourré d'artifices dont les proportions sont idéales pour permettre sa reproduction en plastique, et pour avoir une planque ou un quartier général coûtant au moins 40 $ au détail.

Aujourd'hui, les fabricants de jouets conçoivent une grande partie des émissions pour enfants. Cela fait dire à Peggy Charren, présidente de Action for Children's Television, un groupe d'intervention en faveur de l'enfance: «Où est-il dit que Mattel devrait avoir son mot à dire dans la conception des émissions pour enfants?» Le vice-président des émissions pour enfants de CBS le confirme: «Ce sont les jouets qui dictent le contenu des émissions, celles-ci étant conçues pour les faire vendre.»

Les thèmes des jouets ne valent souvent pas beaucoup mieux que les messages publicitaires. Avez-vous un panier de basket-ball jouet chez vous? Vous rappelez-vous l'époque où ce panier ne devait pas nécessairement être muni d'un anneau de rupture?

Maintenant, chaque panneau ou presque illustre des enfants de trois ans exécutant des *dunks* avec désinvolture. Voyez cette publicité de Toys R Us: «Votre petite vedette peut s'entraîner à faire les fabuleux *dunks* qui ont fait de vous une légende.» Elle fait même allusion à nos gosses comme à de «futurs pros». Nos enfants grandissent en considérant les sports comme un «spectacle» dans lequel les *dunks* et les lancers compliqués l'emportent sur l'entraînement et le travail d'équipe.

Certains fabricants annoncent même leurs jouets comme s'ils les destinaient à devenir les amis de nos enfants. Il y en a un qui fabrique un tricycle accompagné d'une poupée détachable. La publicité dit: «Un nouveau tricycle qui vient avec une compagne de jeu.» Un autre fabricant offre une horloge de parquet qui non seulement réveille les enfants le matin avec une voix de grand-papa, mais raconte le soir des histoires pour les endormir.

N'est-il pas risqué que nos enfants de l'abondance substituent ces «amis» aux êtres humains?

Les parents se bousculent pour être les premiers à acheter les jouets dernier cri. La première maison du quartier à acheter un Nintendo fourmille d'activité, même si le môme qui y vit n'est pas très populaire auprès des autres enfants. Ceux-ci en viennent à faire pratiquement partie de la famille.

Cela ne dure pas longtemps toutefois puisque les enfants du voisinage finissent par posséder leur propre Nintendo. Bientôt une autre famille sera la première à acheter le prochain jouet à la mode, et le cycle recommencera.

Vous souvenez-vous de l'engouement qu'ont connu les Bout d'chou il y a quelques années? Ces poupées étaient annoncées partout, et chaque gosse *devait* en avoir une. Comme les stocks s'épuisaient vite, certains enfants devaient s'en passer. Peu nous importait pourvu que ce ne soit pas les nôtres.

De nombreux parents firent des pieds et des mains pour trouver ces jolis laiderons. Ils en vinrent même à mémoriser le numéro de téléphone de tous les détaillants de jouets de la région à force de supplier les commis de dévoiler leurs secrets sur les futures commandes. Certains adultes vraiment accrochés se rendirent dans des villes voisines dans l'espoir de trouver un Bout d'chou dans une feuille de chou.

Mères et pères modifiaient leur horaire pour se trouver au magasin de jouets à l'instant précis où une commande était attendue. Certains lancèrent même des appels désespérés à la radio communautaire. La valeur d'un parent ou d'un grand-parent finissait par dépendre de sa capacité à dénicher une poupée.

Cet engouement général pour les jouets dernier cri est particulièrement ironique quand on connaît la nature cyclique du commerce des jouets. Selon le rédacteur en chef d'un magazine spécialisé, 95 p. 100 de tous les nouveaux jouets ne restent pas deux ans sur le marché. Le jouet à la mode de l'année dernière est presque toujours en solde cette année.

Certains détaillants de jouets vendent des nouveautés, mais offrent aussi de nombreuses fins de série, soit des jouets autrefois populaires qu'ils achètent à rabais.

Tel un cimetière de jouets, voici tous les superjouets qui étaient à la mode hier: la figurine Rambo dont nos enfants ne pouvaient absolument pas se passer, les ordinateurs Atari et Lazer Tag, les Piteux pitous et les figurines articulées He-Man. Des rangées et des rangées de jouets méprisés réclament en silence un regain de popularité, à une fraction du prix original.

Mais ils laissent nos enfants indifférents. Ceux-ci dépassent d'un pas vif leurs héros déchus pour aller directement à l'arrière du magasin acheter les jouets dernier cri au plein prix.

Année après année, c'est le même scénario. Nos enfants *doivent* avoir un jouet, aussi le leur achetons-nous. Bien sûr, en moins de quelques semaines (sinon quelques jours), le jouet tombe à jamais en désuétude. Même si, en général, nous n'aimons pas nous enfoncer davantage dans une mauvaise affaire et cherchons à réduire nos pertes, nous sommes incapables de refuser une nouveauté à notre enfant.

Récemment, alors que j'assistais à une vente de charité, je demandai à la mère responsable s'il manquait des dés dans le jeu de Yahtzee. «Bien sûr que non, répondit-elle. Elle n'a pas joué avec celui-là non plus.»

Certains parents sont tellement pris par la frénésie qui les pousse à acheter des jouets qu'ils permettent à leurs enfants de porter des vêtements autorisés par les fabricants de jouets.

La bonne vieille Tonka Corporation, qui fabrique des camions et autres véhicules durables, est sans conteste le chef de file dans ce domaine. En effet, on trouve chez K Mart une collection complète de chandails et de pantalons Tonka: «Vête-ments traditionnels amusants pour l'enfant Tonka Tuff.» (Plaise à Dieu que votre enfant le soit!) Votre enfant peut encore avoir la chance d'adhérer au club Tonka Tuff ou même à l'école navale Tonka. Et il se rappelle ses jouets chaque fois qu'il s'habille. Fantastique!

En fait, chez Toys R Us, on semble penser que les adultes sont tellement fous des jouets que les prix n'ont pas d'impor-tance. Ce magasin publie des annonces pleine page destinées aux adultes et ne comportant aucun prix. Je n'ai jamais vu un détaillant agir ainsi. Chaque annonce met en vedette un seul jouet, et tous les articles qui s'y rapportent ne sont pas nécessai-rement coûteux. Mais aucun prix n'apparaît dans l'annonce.

L'une d'elles mettait en vedette un train électrique compor-tant trois voitures. N'avons-nous pas le droit de savoir que nous contemplons un cadeau d'une valeur de 249,99 $? Imaginez que vous montrez l'image du train à votre enfant pour découvrir le prix *après coup!*

Souvent, les versions de base des jouets ne sont plus assez bonnes pour nos enfants. Les fillettes jugent maintenant les poupées non à leur apparence mais à l'étendue de leur vocabu-laire. Une poupée parle pendant qu'on lui brosse les cheveux, et une autre souille ses couches pour vrai en deux couleurs réalis-tes (vraiment!).

Des jeux merveilleux comme «La bataille navale» existent maintenant sur cassette vidéo. Comment espérer que nos enfants aient du plaisir sans les «bruits d'explosion» et les «commandes vocales excitantes» de la version améliorée? Qui se soucie du fait qu'elle coûte 300 p. 100 de plus que l'originale?

Les jouets sains et classiques comme la poupée Barbie sont devenus de véritables empires. Personne ne voudrait que cette jolie jeune dame blesse ses jambes délicates (et puis-je ajouter jolies?) en marchant trop. Mais a-t-elle vraiment besoin d'une Chevrolet 1957, d'une Ferrari, d'une motodune, d'une voiture de randonnée, d'un vélo de montagne, d'une motocyclette, d'une villa magique et d'une «caravane de rêve dorée» sans parler d'un yacht? Et peut-être que je suis vieux jeu, mais Barbie fait-elle vraiment de la planche à roulettes?

Les enfants des deux sexes évaluent leurs matchs de tennis non à leurs scores mais au prix de leurs raquettes. Les cuisinettes

29

doivent produire de «vrais» bruits de cuisson et comprendre une cafetière, un téléphone et un mélangeur, même si cela porte un dur coup à notre portefeuille et à l'imagination de l'enfant. Et si nous osons fixer des limites, il n'est pas rare qu'un grand-parent gâteau sorte des nues pour concrétiser les rêves de l'enfant.

N'en avons-nous pas assez de laisser nos enfants se faire manipuler par les fabricants de jouets? Y en a-t-il parmi nous qui sont assez forts pour «infliger» un jeu de chimie ou un microscope non désiré à des enfants qui exigent un jouet autorisé dernier cri? Ne pouvons-nous pas leur offrir des certificats-cadeaux qui leur garantiront un plaisir futur plutôt que des jouets qui ne durent pas?

De nombreux enfants n'essuient jamais de refus quand ils veulent un jouet, de sorte qu'ils n'apprennent jamais à affronter la déception. Il est temps que nos gosses apprennent que l'on peut parfois retarder la satisfaction de ses désirs.

Ce qui est sûr, c'est que les exposer occasionnellement à la déception sera plus bénéfique pour eux que tous les jouets à la mode vendus par les fabricants.

RAPPELS

- Les listes de jouets ne devraient jamais comprendre plus de six articles.
- Une société qui ne limite pas l'exploitation commerciale de ses enfants ne devrait pas prétendre les aimer.
- Les messages publicitaires destinés aux enfants qui n'indiquent pas les prix sont profondément trompeurs.
- Il faut plus d'amour pour ne pas acheter à nos enfants tous les jouets qu'ils veulent que pour les leur acheter.
- Plus nous achetons de produits autorisés, plus nos achats antérieurs deviennent démodés.
- Le ministère du Revenu devrait permettre aux parents de fillettes de déclarer Barbie comme personne à charge.
- Les publireportages sont obscènes et devraient être radicalement écourtés.
- Les poupées qui mouillent leur culotte devraient toujours coûter moins cher que les autres.

- Nous ne devrions jamais consacrer plus de la moitié de nos heures de veille à chercher désespérément un jouet à la mode pour nos enfants.
- Au moins une fois l'an, nous devrions acheter la version originale d'un jouet plutôt que sa version de luxe.
- Ce qui est bon pour Mattel et Nintendo n'est pas nécessairement bon pour les parents.
- Les enfants qui obtiennent toujours ce qu'ils veulent continueront de vouloir quelque chose tant qu'ils vivront.

Modes, crises de colère et surprises

Ne serait-ce pas merveilleux si les jolies chambres d'enfant et les coffres à jouets protubérants produisaient des enfants serviables et respectueux?

Au lieu de cela, comme en vertu d'une loi physique immuable, plus les enfants possèdent de choses, plus ils se conduisent mal. Et au lieu de remédier à la situation en exerçant la discipline ou en réduisant nos achats, nous, parents, continuons souvent de combler nos jeunes mal élevés de vêtements, d'attention et de cadeaux.

Même les plus jeunes doivent maintenant être vêtus avec recherche. Récemment, Nike annonçait de minuscules chaussures et shorts de tennis. Son marché cible: «Ceux et celles qui mouillent leur culotte au lieu de transpirer.»

Et Nike n'est pas le seul. Les bébés peuvent faire pipi dans des couches de couturier: Jacob et Esprit ont maintenant des boutiques pour enfants; et bientôt, on pourra deviner où s'habille un bambin rien que par son apparence.

Certains parents donnent à leurs enfants un contrôle *exclusif* sur leurs vêtements. Voici ce que déclare le propriétaire d'un magasin de chaussures: «Même les bébés de 18 mois ont leur mot à dire. Ils se comportent comme de jeunes clients et choisissent les chaussures qui leur plaisent.»

Malheureusement, ce phénomène n'est pas limité aux régions côtières des États-Unis. Un article paru dans un journal du Midwest divulguait les idées sur la mode des enfants de cette région. Une fillette de sept ans gratifiait les heureux lecteurs de sa philosophie sur la mode tandis qu'une mère affirmait que sa fillette de huit ans choisissait ses vêtements depuis qu'elle a trois ans. «C'est à cet âge, disait-elle, que j'ai perdu toute influence sur elle.»

Cette complaisance des parents et cette indépendance des enfants n'entraînent pas beaucoup de considération et de gentillesse de la part des rejetons. En fait, nos enfants en sont venus à croire qu'ils avaient *droit* à tout ou presque, qu'il s'agisse de vêtements, de jouets ou de cadeaux. Trop souvent, nous redoublons d'indulgence alors que nous devrions sévir.

Donnez un jouet à un enfant, et vous aurez de la chance s'il vous dit merci. Et peu importe la quantité de jouets qu'il possède, il n'en demande pas moins: «Qu'est-ce que je pourrais faire?»

Ma femme assista à la scène suivante. Une mère et son bambin de deux ans mangeaient une glace. Après chaque bouchée, l'enfant laissait tomber sa cuiller sur le sol. Ayant ramassé et essuyé celle-ci à quatre reprises, la mère dit: «Si tu laisses échapper encore ta cuiller, je balance ta glace à la poubelle.» Bien entendu, la cuiller tomba de nouveau sur le plancher. Maman a dit qu'elle jetterait la glace, mais comme l'enfant fond en larmes, elle lui accorde «une autre chance».

Je fus témoin d'une confrontation aussi marrante. Une mère et son fils faisaient la file chez Burger King où les Whoppers étaient en spécial à 99 ¢. Voici ce que j'entendis:

«Martin, dit la mère, je prends un Whopper. Je suppose que tu en veux un aussi?

— Je n'ai pas envie d'un Whopper aujourd'hui, répliqua l'enfant. Je veux un sandwich au poulet.

La mère sentit la menace qui pesait sur son portefeuille.

— Allons, Martin, il fait froid dehors. Le bœuf te gardera au chaud.

Pas de chance: — Je veux un sandwich au poulet, répéta le jeune gourmand. Et une grosse frite.

— Chéri, poursuivit la mère inquiète, nous mangeons du poulet ce soir. Pourquoi ne prends-tu pas un bon Whopper?»

34

Inutile de le dire, la mère perdit la partie. Mais cet incident montre comment nous répondons à nos enfants. Maman prendra un hamburger pour épargner quelques sous, mais elle ne peut obliger son enfant à commander la même chose même si Martin mange souvent des hamburgers et ne termine jamais ses sandwichs au poulet.

Les problèmes les plus simples nous plongent dans la plus profonde indécision. Dernièrement, une femme écrivit à un courriériste pour se plaindre du fait que sa fille de trois ans, qui avait peur, dormait avec elle et son mari depuis 18 mois. La dame affirmait que cela était en train de détruire son mariage, mais elle n'avait pas le cœur de renvoyer sa fille dans sa chambre. Mince alors! voilà un problème de la plus haute importance. La fillette devra peut-être s'endormir en pleurant une nuit ou deux. Mais cela vaut mieux que de gâcher son mariage, pas vrai?

Regardez ce qui se passe quand un jeune enfant s'élance dans la rue à l'aveuglette. Un truc sérieux. C'est le moment ou jamais d'attraper l'enfant et de le corriger jusqu'à ce qu'il comprenne. Pourtant, bien des parents «sermonnent» leur enfant au lieu de le punir. Puisque le dernier «entretien» n'a pas donné les résultats escomptés, pourquoi celui-ci le ferait-il?

Si la circulation ne règle pas le cas de l'enfant rebelle, nous serons peut-être tentés d'occire le garnement au supermarché. En général, l'affrontement commence près de l'entrée, au moment où maman assoit tendrement son précieux rejeton dans le panier. Presque aussitôt, Jojo se lève. Maman dépose la boîte de petits pois, remet Jojo en place et lui enjoint de rester assis.

Une minute plus tard, il est de nouveau debout. Cette fois, maman s'en aperçoit avec un peu de retard et le sermonne gentiment sur les catastrophes auxquelles s'expose un bambin debout dans un panier. En moins de quelques secondes, Jojo se remet sur ses pieds. Cette fois, maman crie. Puis elle corrige. Mais sans succès.

Au moment où elle arrive à la caisse, l'enfant fait la roue sur le pain et écrase les pamplemousses.

Même ces enfants méritent des bonbons une fois rendus à la caisse, bien qu'ils mettent souvent 20 minutes à faire leur choix. Dans certaines épiceries, de «bons» gérants ont créé des allées «Sans bonbons» dans lesquelles la clientèle sait que là, au moins, elle n'aura pas à faire face à des centaines de friandises.

Il est révélateur que nous ayons besoin d'un gérant de magasin pour faire notre sale boulot. Pourquoi ne pouvons-nous pas simplement dire non à nos enfants? Pourquoi les enfants mal élevés méritent-ils une récompense? Si nous les privions de cette récompense pourtant, ils se conduiraient mieux.

S'il est si déplaisant de faire l'épicerie, c'est peut-être parce que nous offrons toujours des divertissements à nos enfants quand ils doivent rester assis. Cela a commencé quand, avec les meilleures intentions du monde, nous avons acheté des ensembles de jeu pour la chaise haute. Comment pouvons-nous nous attendre que nos enfants restent tranquilles s'ils n'ont rien pour se distraire?

Il en va de même avec les jouets que nous leur achetons pour la voiture. Certains sièges d'auto comprennent un volant, un klaxon qui fonctionne, un faux levier de vitesse et un clignotant qui fait clic. Maintenant, nos luxueuses fourgonnettes sont équipées de téléviseurs, de magnétoscopes et de jeux Nintendo.

De nos jours, même aller chez le dentiste doit être une partie de plaisir. Il suffit d'observer la multiplication des cliniques dentaires aménagées autour d'un thème. L'une d'elles est conçue comme un stade de base-ball. La salle d'attente représente le «cercle d'attente des frappeurs», le fauteuil du patient tient lieu de «marbre», et on peut choisir un parfum de fluorure au «kiosque des rafraîchissements». Il existe même une clinique où les patients s'assoient sur une «selle» et se font nettoyer les dents par une hygiéniste déguisée en cow-girl. Sans blague. Pauvre dentiste qui travaille dans un bureau ordinaire, et dont les seuls attributs sont la compétence et l'amour des enfants!

Et que dire de toutes ces aires de jeu que l'on trouve dans les restaurants-minute? Je sais que les parents occupés aiment se détendre en compagnie d'un ou d'une amie pendant que les enfants s'amusent. Ce sont des instants bénis (et calmes) dans un horaire très exigeant. Mais les enfants risquent de ne jamais apprendre à demeurer assis tranquilles si on les envoie s'amuser au premier signe d'impatience.

Les enfants fréquentent de plus en plus les restaurants-minute qui servent près de deux millions de repas quotidiennement. Si nos enfants mangent une fois par semaine dans un McDonald ou un Burger King, à l'âge de cinq ans, ils y auront fait plus de 250 visites. Cela fait beaucoup de hamburgers non terminés.

Nos enfants ont souvent leur mot à dire dans le choix du restaurant où nous mangeons. N'est-ce pas étonnant? Ils se comporteront sans doute comme de petits monstres et se contenteront de chipoter leur nourriture, mais nous nous rangeons quand même à l'opinion de nos petits rois du hamburger. Et sachez que deux enfants ne s'entendent *jamais* sur le choix d'un restaurant. Au moment où vous entrez dans le stationnement, un petit ingrat ne manque jamais de vous aviser qu'il «déteste cet endroit».

Regarder les enfants manger au restaurant n'est pas un très joli spectacle. Un des enfants est toujours persuadé que l'autre empiète sur sa moitié de banc et que le voisin a une plus grosse portion de frites que lui. Les enfants errent çà et là comme s'il incombait aux autres dîneurs de les surveiller.

Si les enfants se comportent souvent aussi mal, pourquoi les récompensons-nous en leur achetant les babioles vendues dans les restaurants-minute? Manger au restaurant n'est-il pas un cadeau suffisant en soi? Pourtant, la triste vérité, c'est que bien des familles doivent commander un «Joyeux festin»* pour que leur repas soit joyeux.

McDonald n'est pas le seul à vendre des colifichets. Un fabricant de jouets organisa une ligne ouverte 24 heures sur 24 afin de répondre aux questions des admirateurs fanatiques des California Raisins concernant les endroits où on pouvait se procurer les figurines. Un analyste de produits alimentaires a fait observer avec justesse: «Si vous ne pouvez attirer les clients avec des aliments, attirez-les avec un animal en peluche.» Quand servira-t-on des hamburgers dans les magasins de jouets?

On trouve aussi des babioles dans toutes les boîtes de céréales pour enfants, et un anthropologue pourrait s'en donner à cœur joie. Certes, il y a les articles absurdes comme les bagues à l'effigie de dinosaures, les détecteurs d'empreintes digitales d'extraterrestres et les crânes parlants phosphorescents. Mais il y a aussi des surprises.

La compagnie Post a déjà offert aux amateurs de céréales au son et aux raisins le rare privilège de commander une cassette des chansons de nos chers amis les California Raisins pour

---

* Chez McDonald. [N.D.T.]

«seulement 4,99 $». Pour sa part, Trix, qui affirmait: «Bien manger t'aidera à te sentir bien et à devenir fort», a déjà distribué des chocolats dans ses boîtes de céréales. Quoi de mieux avec le jus d'orange!

À l'heure actuelle, les enfants qui mangent des «Céréales excellentes» (ce n'est pas une blague) courent la chance de gagner une véritable cabine téléphonique en état de marche pour leur chambre. Voilà qui devrait améliorer leurs résultats scolaires.

Deux fabricants de céréales lancèrent des concours plutôt révoltants bien que le premier parût assez inoffensif. En effet, les enfants devaient envoyer deux photos d'eux-mêmes; les enfants dont la frimousse était jugée soit comme la plus «dégueulasse», soit comme la plus «jolie» gagnaient des obligations d'épargne destinées à payer une partie de leurs études. Jusque-là, tout va bien, mignon concours. Combien d'argent a reçu le gagnant d'après vous? 100 $? 500 $? 1 000 $? Le croiriez-vous, 50 000 $! C'est un gros montant pour un gosse, n'est-ce pas? Devinez à quel montant s'élevait le deuxième prix? À 2 000 $.

J'ai gardé le meilleur pour la fin. Vous allez croire que j'invente cette histoire, mais, malheureusement, ce n'est pas le cas. Elle concerne une prime scandaleuse offerte par un fabricant de céréales.

Sur le devant de chaque boîte figurait un enfant tenant un billet de un dollar. La vignette se lisait ainsi (vous l'avez deviné): «Un lot instantané de 10 000 $.» L'endos de la boîte était entièrement consacré au concours et ne parlait pas du tout des céréales.

Qui aurait cru qu'une compagnie ferait cela à nos enfants? Si la bonne carte se trouve dans la boîte, Amélie deviendra riche! Je vois déjà les enfants acheter les céréales uniquement pour le concours et en jeter le contenu dans la poubelle. Je préfère de loin les bagues à l'effigie de dinosaures!

Tous ces biens que possèdent les enfants et ces occasions que manquent les parents d'exercer de la discipline créent des bambins habitués à avoir tout ce qu'ils veulent. Depuis la naissance ou presque, ils obtiennent tout ce qu'ils demandent et n'ont peut-être *jamais* été punis efficacement. Quand les jeunes vêtus à la dernière mode se rendent à l'école la première fois, ils doivent croire que leur existence de rêve se poursuivra.

Peut-on s'étonner, dans ce cas, que les enseignants de première année aient la réputation de dormir aussi mal?

RAPPELS

- Les parents qui donnent à leurs enfants tout ce qu'ils veulent ne devraient pas se plaindre que leurs enfants sont gâtés.
- Les jouets ont autant leur place chez McDonald que les hamburgers chez Toys R Us.
- Tout objet de plus de dix dollars ne peut être considéré comme une babiole de bas de Noël.
- Les parents qui ne sortent jamais leurs enfants d'un restaurant, soit ont des saints pour enfants, soit n'ont aucune considération pour les autres dîneurs.
- L'éducation des enfants qui choisissent tous leurs vêtements est déficiente.
- On ne devrait pas pouvoir dire où un bambin s'habille uniquement en regardant ses vêtements.
- Nous devrions toujours ôter son cadeau à l'enfant qui ne nous en remercie pas.
- Plus nous donnons de distractions à nos enfants, plus ils en ont besoin.
- Les enfants qui s'élancent aveuglément dans la rue ont besoin d'une bonne punition.
- N'achetez jamais de surprises aux enfants qui se conduisent mal à l'épicerie.
- Le jour où nos enfants apprennent l'esprit sportif est plus important que celui où ils réussissent leur premier panier.

Nintendo et autres considérations matérielles

Non rassasiés par l'attention et les jouets dont on les a comblés pendant les cinq premières années de leur vie, les jeunes écoliers avides s'associent à leurs parents pour poursuivre pendant le primaire leurs folles dépenses. Petit à petit, les voitures et les camions sont remplacés par des jeux vidéo, le Nintendo officiant le nouveau rite de passage. Au lieu d'acheter des robes peu coûteuses pour Barbie, on trouve les jeunes filles dans les boutiques Esprit où elles s'achètent des vêtements chers.

Nintendo est partout, bien que les parents aient investi des milliards de dollars dans les ordinateurs Atari qui sont passés de mode en moins de 18 mois. Sans parler de l'Intellivision. Intelliquoi?

Le prix est sans importance quand il s'agit de satisfaire les rêves de nos enfants de la vidéo. Achetez un jeu vidéo, un ensemble de cartouches, les manches à balai spécialisés (essentiels) et le boîtier de luxe pour organiser tous ces trucs, et la facture sera plutôt salée.

Les parents ne sont pas sans savoir que *chaque* enfant doit absolument posséder toutes les cartouches de jeux à la mode. Comparez cela au fait que nous, les adultes, partageons souvent avec nos voisins certains articles comme les brouettes ou les épandeurs d'engrais afin d'épargner quelques dollars. Il semble qu'on ne puisse pas demander aux enfants de faire les mêmes sacrifices.

Bien sûr, Nintendo n'endosse pas la notion de partage et encourage même les enfants à tirer parti des achats de leurs amis. Les lecteurs du magazine de Nintendo reçoivent une épingle spéciale quand ils convainquent leurs amis de s'abonner. Ne vaudrait-il pas mieux que l'enfant et son copain partagent le magazine et discutent ensemble des stratégies de jeu?

Quelle astuce ce magazine! Même si une bonne douzaine de ses amis en ont déjà un, l'enfant demande un abonnement aussitôt l'appareil acheté. Voici la tournure que prend en général la conversation à ce moment-là:

«Papa, je veux m'abonner au magazine de Nintendo. C'est seulement 15 $. (Les membres de cette génération accolent en général le mot "seulement" à tout chiffre inférieur à cent dollars.)

— Quoi? fait le père abasourdi. Je viens de dépenser 290 $ pour ce machin; pourquoi as-tu besoin d'autre chose?

— J'en ai besoin, c'est tout, répond le fils. Pour apprendre toutes les astuces des jeux.

— Hé, une minute, dit le père dont le visage s'empourpre. Tu veux dire que je fais des heures supplémentaires pour t'offrir ces jeux et qu'on ne donne pas les instructions?

— Bien sûr qu'il y a des instructions, papa. Ne sois pas idiot. Mais seulement les plus *simples*. Chaque jeu a ses secrets, et il faut s'abonner au magazine pour les découvrir.»

Papa cède et fait un chèque. Il tente de cacher à son fils le brusque geste de la main qu'il fait en direction de l'appareil.

Pour rire, observez un enfant qui enseigne un jeu vidéo à son ami. D'abord, le novice regarde jouer l'expert. Puis, 21 minutes plus tard, son tour vient enfin. Son jeu ne dure que 21 secondes. Le maître ne dit jamais: «Essaie encore une fois»; il reprend aussitôt les commandes pour 21 minutes supplémentaires. Et ainsi de suite. Cela explique peut-être pourquoi chaque enfant doit posséder son propre appareil!

Nous achetons à nos enfants une cartouche de jeu après l'autre, même s'ils se lassent très vite de chacune d'elles sans exception. Quand on lui demanda quelle était la cartouche la plus sensationnelle, un jeune répondit: «Super Mario Bros 3.»

Laquelle est démodée? «Super Mario Bros 2.» Inutile de demander où en est la version 1.

Voyez l'étonnant succès du Game Boy, un jeu vidéo portatif entièrement distinct et ayant ses propres cartouches. Pouvez-vous imaginer investir dans une technologie entièrement nouvelle alors que vous n'avez pas fini de payer l'ancienne? Félicitations, Nintendo, tu nous connais mieux que nous-mêmes! Et voici que les nouveaux microprocesseurs à 16 bits de Nintendo menacent de rendre *tous* nos achats antérieurs démodés.

Si nos enfants ne cèdent pas à l'engouement moderne pour les jeux vidéo, ils craqueront certainement pour la mode. Vous rappelez-vous l'époque où les chaussures de tennis étaient simplement des chaussures de tennis et non un reflet de notre style, de notre valeur ou de nos talents d'athlète, ni un article destiné à accroître notre popularité ou notre succès sur le court?

Pauvres membres des générations antérieures qui étaient idiots au point de tenir leurs chaussures de tennis pour acquises! Certains parents dépensent 90 $ et plus pour donner à leurs enfants la marque préconisée par les grands magasins de sport. Et, au moment où ces merveilles de toile ont parcouru un dixième de kilomètre, une nouvelle marque la supplante, et nos enfants nous supplient de la leur acheter.

Malheureusement, les chaussures ne représentent que la pointe de l'iceberg. Même les enfants sages doivent donner leur opinion sur la mode. Les parents qui osent les emmener dans le «mauvais» magasin (c'est-à-dire là où les prix sont abordables) doivent s'attendre à encaisser un choc.

Si le vêtement ne provient pas de chez Esprit, Benetton ou l'une des centaines de boutiques spécialisées en vêtements pour enfants, laissez tomber. Offrez à un enfant un pull provenant d'un magasin populaire, et il aura peine à masquer sa déception et son humiliation en ouvrant la boîte. L'apparence du vêtement ne compte pas; seule la marque est importante. Porter un vêtement laid et à la mode vaut toujours mieux qu'un vêtement joli et peu coûteux. Après tout, Barbie elle-même ne porte-t-elle pas des vêtements Benetton?

Un magazine pour adolescents a même élevé le droit de dépenser de l'argent en vêtements de marques connues au rang institutionnel. Dans un article intitulé «Fou des marques

— Démarquez-vous avec panache», les rédacteurs en chef conseillaient à nos jeunes d'exercer leur droit de s'exprimer librement en portant leurs marques de vêtement et leurs emblèmes favoris, et d'adopter comme mots de passe les messages véhiculés par ces marques. Le droit des jeunes à dépenser fait désormais partie des droits de la personne.

Un article paru récemment dans un journal indique à quel point cet engouement pour la mode est devenu acceptable. Un banquier dînait en compagnie de ses deux filles à qui il racontait qu'il était à la veille de signer un contrat très important.

Ses filles se mirent alors à chantonner «*Close, close*» («Conclus, conclus»). Au début, le banquier crut que ses filles l'encourageaient à conclure l'entente. Mais il découvrit très vite qu'elles chantonnaient en fait «*Clothes, clothes*» («Vêtements, vêtements») en anticipant les achats qu'elles feraient si leur père négociait le contrat avec succès.

Cette histoire est plutôt innocente. Mais doit-on être tellement fier de cette réaction purement matérialiste que l'on sente le besoin d'en faire état dans le journal?

Deux jeux vidéo récents jettent de la lumière sur cette histoire d'amour avec la consommation. L'un encourage chaque joueur à «dépenser jusqu'à tomber d'épuisement» tandis que l'autre offre aux joueurs la chance de «se lancer dans de folles dépenses» avec leurs amis.

Chacun essaie de tirer profit de l'insécurité sociale de nos jeunes, et ce sont nous, les parents, qui payons. Une compagnie, qui offre des recettes personnalisées de popularité, annonce des «fiches pour adolescents». À l'instar d'un club de livres ou de disques, la compagnie expédie à ses abonnés, à raison d'une fois par mois, un jeu de fiches comportant des trucs pour se faire des amis ou nouer des relations, des renseignements sur la mode, etc. Pourquoi s'abonner à ces fiches? «Soyez un gagnant! Améliorez votre apparence… Apprenez à vous habiller. Soyez mieux dans votre peau. Devenez plus populaire…» Évidemment, il n'est nullement question de résultats scolaires!

Outre qu'ils leur achètent des jeux vidéo et des vêtements de marques connues, de nombreux parents transforment leurs enfants en globe-trotters, en petits Marco Polo munis de leur propre valise et de leur propre Fodor pour enfants. Ces voyages commencent par l'obligatoire visite à Disney World que nous entreprenons en général quand nos enfants sont encore assez jeunes pour gâcher le voyage. Mais ce n'est qu'un début. Dernièrement, alors que je déjeunais avec un ami de mon fils, je lui demandai le nom de son restaurant préféré. Il répondit: «Il y a celui à Nassau...»

Les enfants modernes font du ski dans les Alpes, du tennis en Angleterre et jouent au basket en Roumanie. Pour refléter ces tendances, la compagnie aérienne Delta a créé un club spécial portant l'effigie d'un lion porte-bonheur, destiné aux enfants de deux à douze ans. Tous les trois mois, les membres reçoivent une carte de souhaits ainsi qu'un livret d'activités de la part de leur mascotte. Café, thé ou crayons à colorier?

Est-ce que visiter sa propre région dans une voiture ordinaire ne conviendrait pas aussi bien à nos jeunes? Et si nous planifions un voyage de luxe, les enfants doivent-ils *toujours* être de la partie? Il est vrai que voyager est merveilleux, mais n'y a-t-il pas certains désavantages à offrir ces occasions fantastiques à nos enfants alors qu'ils sont si jeunes?

Ici encore, nous semblons nous acharner à procurer un si grand nombre d'expériences merveilleuses à nos enfants qu'ils n'attendront plus rien avec plaisir une fois parvenus à leur majorité.

Les enfants ne semblent connaître aucune limite dans les restaurants non plus. Les menus pour enfants ne les intéressent plus. Pourquoi est-ce ainsi? Les portions sont parfaites de même que le prix. Manifestement, si nous en avons les moyens, nous devrions, à l'occasion, emmener nos enfants dans un restaurant élégant, tant pour leur apprendre les règles de la bienséance que pour leur donner la joie de vivre une expérience spéciale. Cependant, bien des jeunes commandent les mets les plus chers sans même en demander l'autorisation.

Même les prix du bar laitier ont augmenté. Souvenez-vous du bon vieux temps où nos enfants se contentaient d'une glace. Maintenant, il leur faut la coupe glacée la plus chère. Emmenez vos quatre enfants et vous venez de dépenser une jolie somme. Avant même d'avoir payé les boissons gazeuses.

De nombreux parents refuseraient de limiter le prix des friandises glacées qu'ils offrent à leurs enfants. Et de nombreux enfants refuseraient de se laisser traîner jusqu'au bar à yaourt s'ils n'avaient droit qu'à du yaourt.

Les commerçants futés connaissent l'avidité des enfants et créent des nombres records de produits à leur intention. À preuve, il existe des pâtes dentifrices pour enfants qui contiennent des brillants. Comme tout le reste, se brosser les dents doit être amusant, de nos jours.

Mais le produit qui concrétise le plus cette tendance est sans conteste l'appareil photo conçu par Polaroïd à l'intention des enfants. (Vous vous rappelez l'époque où il était acceptable d'utiliser le même appareil que ses parents?) La compagnie a interviewé des centaines de gosses entre neuf et quatorze ans avant de créer «l'appareil photo à développement instantané le plus nouveau pour les enfants modernes» (apparemment, elle n'a pas interviewé les autres).

L'appareil, rose vif ou gris, les «bonnes» couleurs pour le marché cible, est vendu avec un étui et des lunettes de soleil assortis. Je plains le pauvre zigue qui prend des photos avec des lunettes de soleil dépareillées.

Certes, la récession actuelle influence les parents. Nombre d'entre eux ont informé leurs rejetons que la réalité économique a changé et qu'ils doivent réduire leurs dépenses. Pourtant, trop souvent maman et papa sacrifient *leurs propres* plaisirs tout en continuant de gâter les enfants. Nintendo a réussi à vendre cinq millions de Game Boys l'année dernière, et les enfants ne se bousculent pas à notre porte pour offrir leurs services ou tondre la pelouse.

Nous devrions nous rappeler que lui acheter des biens n'est qu'une façon de gâter un enfant. Si nous ne le punissons pas fermement pour ses écarts de conduite, nous le gâtons. Si nous tolérons ses efforts médiocres, nous le gâtons. Si nous tenons exagérément compte de ses opinions, nous le gâtons. Si nous ne le tenons pas responsable de ses actes, nous le gâtons.

Il y a bien des enfants merveilleux et non gâtés dans les maisons des riches de même qu'il peut y avoir des enfants capricieux et gâtés dans les familles moins fortunées.

Un journaliste interviewait des parents et des enfants à l'occasion de Noël, et certaines opinions nous aident à mieux comprendre le meilleur et le pire de ce qui se passe.

Interrogée sur ce que son enfant voulait pour Noël, une mère répondit: «Il n'y a rien qui lui plaît. Il n'a même pas encore écrit au père Noël.» Toutefois, elle poursuivit en disant que son fils avait demandé un ordinateur. N'est-ce pas suffisant pour un gosse de six ans?

Sans nul doute, le merveilleux garçonnet que voici nous éclaire sur la cause de nos traumatismes lorsqu'il décrit le type de Noël qu'il s'attend à passer. Il veut un Nintendo, mais son père refuse de lui en acheter un. L'enfant déclare donc au journaliste: «Ce sera un Noël à 9,99 $.»

Il coulera encore bien de l'eau sous les ponts avant que nos enfants apprennent à apprécier tout ce qu'ils ont.

RAPPELS

- S'il est possible d'échanger les patins pour enfants, pourquoi ne pourrait-on pas échanger les cartouches de jeux vidéo?
- Les sommes supérieures à 10 $ ne devraient pas être précédées du mot «seulement».
- Les jeux vidéo à la mode deviennent désuets en moins de trois mois.
- Des pieds rapides mèncront à l'excellence sportive plus rapidement que des chaussures de sport dernier cri.
- Si tout le monde achète au même magasin à la mode, celui-ci fermera ses portes dans moins d'un an.
- Les enfants devraient découvrir leur propre pays avant d'en visiter un autre.
- Dans un restaurant chic, nos enfants devraient rarement choisir les mets les plus chers.
- N'achetez jamais un téléphone dont les yeux s'ouvrent et se ferment.
- En dépit des apparences, il y a plus de pieds dans ce pays que de marques de chaussures de tennis.
- Plus nous dépensons d'argent pour offrir des friandises glacées aux amis de nos enfants, moins ces amis sont susceptibles de nous en remercier.

Ne vous faites pas de bile, soyez heureux!

Si nous donnons de plus en plus à nos enfants, nous semblons exiger et recevoir de moins en moins. La nécessité de suivre la mode et les excès l'emporte souvent sur le respect, la courtoisie et l'unité familiale. Il est courant pour les enfants d'injurier leurs parents et même de manquer de respect à leurs grands-parents. L'excellence scolaire est souvent l'apanage des zélés, et les travaux extérieurs, celui des bûcheurs et des zigotos.

Les mêmes enfants qui nous suppliaient de leur acheter des aspirateurs et des tondeuses à gazon jouets l'année dernière ne lèveraient pas le petit doigt dans la maison même si leur vie en dépendait. Et les rares fois où ils acceptent de nous aider, ils se comportent comme si nous leur marchions sur les pieds ou qu'ils nous faisaient une immense faveur, et ils s'acquittent de leur tâche d'une façon médiocre. Tout cela pour préserver l'idée imaginaire que c'est nous qui sommes à leur service.

En dépit de cette attitude, nous récompensons ces enfants par d'incessantes activités. Songez à la fortune qu'amasse la World Wrestling Federation avec ses extravagantes parties de lutte à la carte, présentées à la télévision. Elles coûtent 20 $ et plus, mais cela est loin de déconcerter nos petits monstres.

Nous laissons des sorties tout à fait merveilleuses se faire gâcher par notre propension à l'excès. Il y a plusieurs années, j'ai inscrit l'un de mes enfants à une ligue de bowling. Il adorait cela. Mais savez-vous ce que la plupart des petits ingrats faisaient au club? Ils ne jouaient pas aux quilles, mais à des jeux vidéo. Il fallait les sortir de la salle de jeux quand venait leur tour de jouer aux quilles.

Tous les cours et les activités spéciales que nous offrons à nos enfants sont-ils vraiment nécessaires? Les cours de ballet, de gymnastique, le camp de basket-ball, les cours de dessin et de tennis sont onéreux. Nos enfants méritent-ils vraiment de suivre des cours de karaté qui coûtent 40 $ par mois? Cela fait pratiquement 500 $ par année!

Les enfants n'avaient-ils pas l'habitude de se trouver quelque chose à faire tout seuls? Comme ils s'ennuyaient à la maison, ils organisaient une partie de foot ou de corde à sauter avec les enfants du voisinage. Aujourd'hui, ils restent seuls dans leur chambre, regardent paresseusement la télé pendant des heures ou jouent à des jeux vidéo contre l'ordinateur. Nous leur offrons de tels palais d'amusements qu'ils n'ont plus besoin de jouer avec d'autres enfants.

Dernièrement, j'entendis parler d'une fillette qui fut invitée chez une amie pour jouer. En pénétrant dans la maison, la fillette demanda à la mère: «Qu'avez-vous prévu pour nous aujourd'hui?»

Les devoirs ne sont plus une priorité pour la plupart de nos enfants. Ils sont facultatifs, et les enfants les font s'ils en ont envie. Résultat: nos enseignants sont accablés par un accroissement scandaleux de devoirs incomplets et sautés. Les jeux vidéo et les feuilletons à l'eau de rose sont bien plus amusants, et c'est cela, la vraie vie. Souvent, nous, parents, restons assis sans lever le petit doigt.

Nos enfants auraient peut-être moins de problèmes si les écoles mettaient l'accent sur la véritable excellence. Malheureusement, dans de nombreuses écoles, on récompense les enfants simplement parce qu'ils ne se sont pas mal conduits. L'enfant rentre souvent à la maison avec un bagage d'autocollants, de prix et de petites surprises comestibles qui surpasse l'inventaire d'un magasin populaire moyen. Qu'a fait notre élève vedette? Pas grand-chose. Il est resté sagement assis et n'a pas perturbé la classe.

Le fauteur de troubles, qui a commis seulement quatre bévues par semaine au lieu de vingt-cinq, devient l'Élève du mois. Et lorsqu'un enfant persiste à mal se conduire, les administrateurs cherchent à comprendre si sa vie familiale est perturbée au lieu de le punir.

Ne serait-il pas logique de tenir pour acquis une bonne conduite et de punir fermement la mauvaise conduite afin qu'elle ne se répète pas?

Les organisateurs des épreuves athlétiques pour enfants tombent dans le même piège. Apparemment, il n'est pas légal qu'un enfant participe à une compétition et rentre à la maison sans ruban ni trophée. Est-ce que le simple fait d'avoir la chance de jouer ne devrait pas suffire?

Je connais une ligue de quilles pour enfants qui ne comptait que quatre équipes. Croiriez-vous qu'à la fin de la saison, les quatre équipes reçurent des trophées! Cela est très bien pour les fabricants de trophées, mais qu'est-ce que cela fait à nos enfants?

Un enfant que je connais faisait partie d'une équipe de basket-ball et il attendait avec enthousiasme son dernier cours qui était la remise des prix. Il se trouva que lors de la journée des prix, *tous les enfants* reçurent un ballon de basket-ball miniature. J'appelle cela une journée des primes, pas une journée des prix, et quand la société confond les deux, l'excellence est en mauvaise posture.

De prime abord, il pourrait sembler plus délicat de traiter tous les joueurs sur un pied d'égalité, car, ainsi, aucun n'est mis à l'écart et tous reçoivent une reconnaissance égale de leurs mérites. Mais les enfants savent intuitivement que s'ils méritent tous un prix, ce prix n'a pas de valeur; et nous les privons d'une occasion de comprendre de façon réaliste leurs forces et leurs faiblesses.

Nous commettons l'erreur de croire que nos prix et nos colifichets sont la voie qui mène à l'estime de soi, alors qu'en fait, ils conduisent plutôt à la médiocrité. (Pourquoi viser l'excellence si les mérites de chacun sont reconnus de façon égale?) C'est seulement lorsqu'ils participent à une compétition et *méritent* la reconnaissance de leurs talents que nos enfants apprennent à s'estimer.

Certains de nos enfants se distingueront dans les sports, d'autres dans la musique et d'autres encore dans les mathématiques et, oui, certains ne recevront aucune récompense. Mais si nous essayons toujours de faire en sorte que *tous* les enfants se sentent gagnants, nous émettons le message que perdre est une chose affreuse et faisons en sorte que nul n'a l'impression d'être un vrai gagnant.

Comme nos enfants sont conditionnés à recevoir des prix, ils n'apprennent jamais à affronter la déception. Et ils rêvent souvent du jour où ils atteindront la célébrité.

Chacun sait que les athlètes gagnent beaucoup de fric, alors pourquoi faire des efforts à l'école? L'enfant qui ferme les yeux et réussit un circuit pendant un match de la Petite Ligue se voit comme un futur Hank Aaron. La fillette de huit ans qui exécute des coups à terre impossibles se prend déjà pour une Jennifer Capriati.

Parce qu'ils croient tout savoir (ne reçoivent-ils pas toujours des prix?), nos petits sportifs ne sont pas prêts à faire les efforts qu'il faut pour cultiver leurs talents. Un entraîneur de basket-ball bénévole qui dirige la première séance d'entraînement d'un groupe d'enfants de neuf ans doit affronter quelque chose du genre:

«C'est bon, les gars, venez ici. Je suis votre entraîneur et j'aimerais me présenter.»

Immédiatement, une main se lève. «M'sieur, quand disputerons-nous notre premier match?

— Je ne le sais pas encore, mais nous devons d'abord nous exercer aux lancers de base.»

Les enfants lancent le ballon encore trois minutes. Aussitôt, l'entraîneur s'adresse à l'un des enfants: «Justin, pourquoi essaies-tu des lancers à trois points?

— Ne sommes-nous pas censés nous exercer aux lancers de base? répond l'enfant. Au fait, savez-vous quand nous disputerons notre premier match?

— Non, je l'ignore, fiston, répond l'entraîneur. Les enfants, mettez-vous en rang, nous allons faire un exercice de passes.»

Après quelques secondes d'enfer, huit enfants qui s'ennuient demandent simultanément: «M'sieur, cet exercice est barbant. Pouvons-nous jouer avec l'équipe qui s'exerce près de l'autre panier?

— Non, répond l'entraîneur. Nous devons développer notre technique. Maintenant...»

Un enfant l'interrompt: «M'sieur, savez-vous quand nous disputerons notre premier match?»

Nous élevons des enfants qui préfèrent montrer qu'ils peuvent dribbler par derrière leur dos plutôt que de s'exercer à effectuer d'assommants lancers déposés ou lancers francs. Aucun de ces simulateurs ou presque ne possède la discipline nécessaire pour développer son véritable potentiel athlétique.

L'esprit sportif qui règne pendant les épreuves athlétiques décroît progressivement à chaque saison tandis que le nombre de batailles augmente tant chez les athlètes professionnels que chez les amateurs.

À l'époque où l'un de mes enfants suivait un entraînement de basket-ball destiné aux enfants de huit ans, tous les joueurs de l'équipe adverse criaient «Manqué!» avant chaque tentative de lancer franc. L'entraîneur leur a-t-il dit de ne pas faire cela? Comme ils persistaient, les a-t-il prévenus qu'ils seraient exclus du jeu s'ils continuaient leur manège? Et depuis quand les joueurs de la Petite Ligue ont-ils le droit de jeter brutalement leur bâton ou leurs casques à terre après un retrait au bâton?

Pendant les matchs de basket-ball, les élèves du secondaire crient parfois «Foutaises!» après chaque mauvaise décision de l'arbitre et «Barbant!» pendant la présentation des meneuses de claque du camp adverse.

Le mythe du superchampion est tellement puissant que je doute d'avoir jamais vu des statistiques sur l'improbabilité du phénomène. Pour devenir un joueur de football professionnel, vous devez être super grand, super fort ou super rapide. Cela élimine déjà la majorité de nos gosses, même s'ils prenaient des stéroïdes.

Regardez les joueurs de basket-ball professionnels. Ce sont tous des géants. Même les gardiens mesurent plus d'un mètre quatre-vingt-dix. Les 27 équipes de la Ligue nationale de basket-ball engagent seulement deux joueurs par année chacune.

En moyenne, un seul restera dans l'équipe. Si l'on compte que chaque année, il naît environ un million et demi de garçons, cela signifie que leurs chances de faire partie d'une équipe de la Ligue nationale pendant une seule année sont d'environ 1 contre 55 555. Et compte tenu des possibilités d'être blessé ou renvoyé, les chances de devenir un superchampion sont infimes.

Par un quelconque caprice du destin, les athlètes professionnels qu'idéalisent nos enfants sont les derniers à qui l'on confierait ce rôle de premier plan. Qui sont les plus populaires? Brian Bosworth, Jim McMahon, John McEnroe. L'immoralité est à la mode et la courtoisie est dépassée.

Les grosses sociétés comme Gillette, Taco Bell et Bic se servent même de ces «modèles» pour mousser la vente de leurs produits.

Nous, parents, aggravons cette obsession de nos jeunes envers les sports en allant à tous les matchs. Nous nous sentons tenus d'assister à chaque manche, période, quart et mi-temps des manifestations sportives de nos enfants (et ce, par tous les temps).

Les différentes équipes nous encouragent à le faire et même nous culpabilisent si nous ne «soutenons» pas nos jeunes. Pour la plupart, nos parents ne venaient jamais *nous* regarder quand nous jouions au terrain de jeu. Pourquoi doit-il en être autrement aujourd'hui? Est-il possible que nous accordions trop d'importance à ces événements en y assistant *systématiquement?*

Je connais un couple qui se vante des efforts qu'il fait chaque week-end pour assister aux matchs de soccer de *chacun* de ses quatre enfants. Il consacre son samedi *et* son dimanche à cette activité importante. Pourquoi ne pas regarder un seul match chaque week-end? Ces gens-là travaillent toute la semaine. N'ont-ils pas le droit de prendre un peu de temps pour eux-mêmes?

Avec tous ces divertissements et ces occasions de faire du sport, les enfants semblent ne plus avoir de temps pour gagner de l'argent. De plus en plus, la livraison de nos journaux se fait par des adultes. Cette activité consacrée par l'usage et qui permettait aux enfants d'apprendre la valeur de l'argent est perçue par ceux-ci comme une perte de temps.

Est-ce qu'un enfant a frappé à votre porte cette année pour vous offrir ses services? Pas chez moi.

Et si nous forçons nos enfants à essayer de dénicher des petits travaux, ils savent comment jouer le jeu. Ils ne prennent pas l'initiative, mais inscrivent leur nom sur la liste des aides de chaque quartier diffusée par l'école intermédiaire.

Or, si on sollicite leurs services, ils ont une excuse toute prête: «J'ai un examen demain» (lève-toi plus tôt); «Désolée, je dors chez une amie» (change tes plans pour dix dollars l'heure), etc.

Nous, parents, sommes loin d'être innocents dans tout cela. Nous en faisons trop pour nos enfants. Nous leur achetons trop de choses et leur donnons trop d'argent de poche. Autrement, ils travailleraient.

Et nous ne les laissons pas marcher. S'il pleut, nous les conduisons à l'école où ils joueront au soccer sous la pluie pendant des heures. Beaucoup d'enfants demandent à leurs parents de venir les chercher même s'ils ne sont qu'à quelques rues de chez eux. Dans des quartiers sûrs, en plein jour.

Nous n'obligeons jamais nos enfants à faire des choix. Deux enfants veulent regarder des émissions différentes au même moment? Pas de problème! Chacun regarde son émission favorite dans une pièce différente. Et s'ils n'arrivent pas à se décider sur l'émission à regarder, ne vous inquiétez pas: de nouveaux postes permettent de regarder deux chaînes en même temps!

Au lieu de les obliger à choisir, nous acceptons qu'ils prennent et des cours de gymnastique et des cours de ballet, nous tenant prêts à les conduire rapidement de l'un à l'autre afin qu'ils puissent suivre les deux, sans égard aux inconvénients que cela nous cause.

Si vous avez besoin d'une preuve que quelque chose cloche horriblement chez les enfants que nous élevons, lisez ceci. Lors d'un récent sondage, on a interrogé 1 700 élèves de 13 à 16 ans sur leur attitude à l'égard du viol. À la question de savoir si un garçon avait le droit de *forcer* une fille à l'embrasser après une sortie, 51 p. 100 des garçons et 41 p. 100 des filles ont répondu oui.

Mais il y a pire. Interrogés pour savoir si un garçon avait le droit de *forcer* une fille à faire l'amour avec lui après avoir dépensé beaucoup d'argent pour elle (de 10 à 15 dollars), 24 p. 100 des garçons et 16 p. 100 des filles ont répondu par l'affirmative.

Voici le plus grave. Lorsqu'on leur a demandé si un garçon avait le droit de *forcer* une fille à faire l'amour avec lui s'ils sortaient ensemble depuis six mois, 65 p. 100 des garçons et, chose étonnante, 47 p. 100 des filles ont exprimé leur accord.

Si vous voulez vraiment savoir à quoi vos enfants accordent de la valeur, essayez d'en convaincre un de vendre sa place au spectacle de Van Halen pour lequel il ne reste plus de billets. N'essayez pas de lui offrir la valeur nominale du billet: vous l'insulteriez. Certains enfants ne vendraient pas leur billet de 40 $

pour 100, 200 ou même 1 000 dollars. Essayez-le. Les résultats sont vraiment déplorables.

Un rabbin a bien résumé ce que les gosses recherchent aujourd'hui. Il semble que certains enfants soient sortis pendant un service religieux auquel ils étaient invités pour traîner dans le temple et faire des dégâts. Selon le rabbin, nous enseignons à nos enfants que la société tout entière n'existe que pour leur plaisir et que si un événement donné n'est pas amusant, ils doivent le rendre amusant.

À la maison, à l'école et pratiquement partout, cette génération doit avoir «du plaisir». Et nous, les parents, la société et même nos enfants payons un prix très élevé pour cela.

RAPPELS

- Seuls les parents inefficaces se font injurier par leurs enfants.
- Les parents qui n'insistent pas pour que leurs enfants participent aux travaux ménagers n'ont pas le droit de se plaindre qu'ils sont traités comme des domestiques.
- À l'occasion, les enfants devraient envisager de participer à des activités qui ne coûtent rien aux parents.
- Si nos enfants ne font pas régulièrement leurs devoirs, notre discipline aussi est incomplète.
- Récompenser la médiocrité est le moyen le plus sûr de contribuer au déclin de la société.
- Les meilleurs parents n'ont pas besoin d'assister à tous les événements sportifs auxquels prend part leur enfant.
- Si nous n'exigeons pas de nos enfants qu'ils s'acquittent de petites corvées, nous ne devrions pas nous plaindre du déclin du sens du travail.
- La marche est meilleure pour la santé de nos enfants que la voiture.
- Le véritable plaisir n'a lieu que s'il est l'exception plutôt que la règle.
- On améliore davantage sa technique en pratiquant un sport qu'en le regardant à la télé.
- Les parents qui laissent la télévision en marche pendant le dîner devraient reconnaître qu'ils ne sont pas intéressés à communiquer avec leurs enfants.

- Une blessure fera plus de mal au joueur de la Petite Ligue s'il est retiré du jeu que s'il est déclaré sauf.
- Le coût des souvenirs achetés à un concert rock ne devrait pas excéder celui du billet dans une proportion de plus de quatre à un.

Les horreurs du secondaire

Au cours des années qu'ils passent à l'école secondaire, les habitudes que nos jeunes ont acquises depuis la naissance se raffinent et s'intensifient. Leurs biens s'accroissent et leur apparence se détériore. Le respect d'autrui disparaît souvent complètement. Le vol à l'étalage est «super» et constitue un raccourci acceptable vers ce à quoi nos enfants ont le sentiment d'avoir clairement droit.

Il n'y a qu'un pas à faire des jeux vidéo à la télévision payante, aux lecteurs de disques compacts, aux chaînes stéréophoniques et au câble. Même s'il se déplace toujours en voiture, chaque adolescent a besoin d'un baladeur.

Vous rappelez-vous l'époque où les «CD» étaient des certificats de dépôt? Aujourd'hui, les lecteurs de disques compacts font fureur. Les vieux tourne-disques (pardon, chaînes stéréophoniques!) n'ont plus aucune valeur puisqu'ils ont été remplacés par une nouvelle technologie produisant un meilleur son.

Vous souvenez-vous des disques que nous écoutions, enfants? Le son était-il mauvais? Comment nous sommes-nous débrouillés pendant cette ère d'obscurantisme? Même si nous permettons à nos enfants de mettre leur technologie à jour sur demande, nous continuons, tels de parfaits idiots, à utiliser notre vieille voiture ou notre tondeuse antique. Après tout, pourquoi jeter quelque chose qui fonctionne encore?

Les chambres des enfants contiennent plus d'appareils électroniques que de petits postes de radio FM. Télévisions, chaînes stéréo, lecteurs de disques compacts, radiocassettes, baladeurs, téléphones sans fil, sans parler des magnétoscopes à quatre têtes (ceux à deux têtes ne sont bons que pour les parents). On s'étonne qu'il reste de la place pour le lit d'eau et l'affiche de la vedette rock toxicomane.

Écoutez deux enfants qui se querellent pour savoir qui a les meilleurs appareils et vous serez régalé:

«Comment ta chaîne stéréo est-elle meilleure que la mienne? Mes hauts-parleurs sont plus gros que les tiens!

— Ouais, réplique l'autre, mais ma radiocassette a un dolby et les écouteurs de mon baladeur sont rembourrés.

— La belle affaire! Ton magnéto n'a que deux têtes, et tu ne peux même pas le programmer par téléphone.

— C'est vrai, concède l'autre, mais mon répondeur téléphonique est muni d'une commande sans émetteur.»

À ce point, la conversation dégénère (pour peu que ce soit possible) en un savoureux feu roulant de jurons et autres égaliseurs graphiques.

Rappelez-vous l'époque où les enfants s'empressaient de demander s'il y avait une piscine quand on emménageait dans un nouvel appartement. Aujourd'hui, ils demandent si le câble est installé. Malgré toutes les émissions de télévision gratuites que nous recevons par le truchement de nos six appareils, nous devons débourser entre 20 et 40 $ par mois pour recevoir des émissions «de qualité» comme celles que produit la station de vidéoclips MTV.

Avez-vous déjà vraiment regardé les vidéoclips pour lesquels vous payez? Récemment, une association de pédiatres mettait les parents en garde contre ces vidéoclips qui mettent la violence à l'honneur.

Prenez le temps d'en regarder quelques-uns un jour ou l'autre. Dans l'un d'eux, une jolie femme à quatre pattes a l'air d'un animal dans une arène entourée d'hommes qui crient et la regardent avec concupiscence. Ce qui fait dire à un pédiatre: «MTV ne diffuse jamais de messages d'intérêt public sur l'abstinence sexuelle ou le contrôle des naissances, pourtant ses émissions sont remplies de femmes à moitié nues qui sont comme des poupées sans cervelle entre les mains des hommes.»

Pourtant, nous payons pour offrir ce divertissement à nos enfants. Si nos enfants réclament la liberté de regarder ce type d'émissions, nous devrions réclamer le droit de leur faire payer une contribution. Et les choses n'iront pas en s'améliorant, loin de là.

MTV projette d'offrir *trois* postes distincts fonctionnant nuit et jour, chacun étant doté d'une structure différente. Les compagnies ont mis au point une technologie qui permet aux enfants de composer un numéro pour qu'un vidéo précis apparaisse sur leur petit écran. Deux dollars le vidéo. Parents, surveillez vos comptes de téléphone!

Beaucoup d'entre nous récompensent leurs enfants de 16 ans en leur achetant une voiture, même s'ils ne se comportent pas d'une manière convenable depuis qu'ils ont un scooter. Le climatiseur est essentiel (même si nos voitures à nous en sont dépourvues) de même qu'une chaîne stéréo de luxe.

Souvent, nos enfants ne participent pas du tout ni à l'achat de la voiture ni aux coûts qu'elle entraîne: essence, assurances, contraventions ou même réparations.

Aujourd'hui, de nombreux enfants vivent dans les centres commerciaux, cette merveilleuse collection de boutiques élégantes qui ont contribué à faire de l'expression: «Acheter jusqu'à tomber d'épuisement» notre nouvelle devise nationale. Demandez-leur ce qu'ils y font, et ils répondront qu'ils «traînent». Et parce que la vérité nous effraie, nous laissons tomber.

Se plaindre à un enfant du temps qu'il passe au centre commercial donne rarement satisfaction:

«Luc, tu dois te mettre à tes devoirs. Tu n'as pas effleuré un livre depuis trois semaines.

— C'est faux, papa, répond Luc, je passe près de la librairie Flammarion tous les jours.

— C'est bien, mais ça ne compte pas. Je ne tolérerai pas ces résultats médiocres.

— Qu'y a-t-il de mal à être dans la moyenne? réplique Luc. Lincoln n'était pas un érudit et Einstein a été recalé à la maternelle.»

N'est-il pas stupéfiant que des adolescents qui n'ouvrent jamais leurs livres d'histoire arrivent à se rappeler le nom de toutes les célébrités qui réussissaient mal à l'école?

«La réussite de ces hommes était exceptionnelle, répondez-vous. Tu n'auras peut-être pas la même chance qu'eux.

— Mais mon animateur préféré dit que bien des gens sont des fleurs tardives, surtout les Lions.

— Je te l'ai déjà dit mille fois, je refuse de discuter avec quelqu'un qui utilise comme référence une personne qui arbitre des concours de rots. Maintenant, il faut que cela cesse.»

Bien sûr, cela ne cesse pas.

Les enfants que l'on boute hors des centres commerciaux s'agglutinent dans les restaurants-minute. S'il vous est déjà arrivé de vous asseoir près d'un groupe de jeunes, vous savez que la scène n'est pas particulièrement belle à voir.

L'étiquette des adolescents modernes semble exiger que chacun émette en moyenne trois rots bruyants à table. Comme à la maison, les jeunes laissent un fouillis sur la table et traitent le préposé sans aucun respect.

Les écoles semblent impuissantes à modifier la situation. Avez-vous remarqué comment s'habillent les élèves de nos jours? On dirait que les jeans crottés et déchirés renforcent le processus éducationnel. On entend même parler de certains enfants qui se pavanent avec l'étiquette de prix sur leurs jeans pour que tout le monde en voie le coût. En outre, pourquoi permet-on aux élèves de porter des survêtements affichant des marques de bière?

Si nos enfants portent une casquette de base-ball qui n'est pas de la bonne couleur ou un vêtement à la mode, ils risquent d'être agressés ou pire. Ils portent des jeans trop serrés, des chemises décolletées, et leurs hormones sont tout à fait déréglées.

Le sexe entre adolescents constitue un rite de passage, libre de tout engagement ou obligation. L'amour que nous offrons à notre fille et qu'elle refuse, elle le cherche souvent ailleurs. Nous sommes censés ne rien dire et l'observer, le cœur brisé, comme si nous ignorions ce qui se passe.

Comme le demandait l'affiche du Children's Defense Fund: «Votre enfant apprendra-t-il à se multiplier avant d'apprendre à soustraire?»

Un article récent sur la sexualité des jeunes met en lumière le degré de plaisir qu'exige la génération actuelle. Un jeune homme de 16 ans à qui on demandait pourquoi il n'utilisait jamais de condoms répondit: «C'est beaucoup mieux sans.» Tant pis pour la peur d'être père ou de contracter le sida!

Les notes, bien sûr, continuent de baisser dans tout le pays. Dans certaines villes, jusqu'à un tiers des élèves du secondaire sont *habituellement* absents de l'école sans autorisation. Les devoirs sont pour les zigotos; le plaisir pour tous les autres. Beaucoup d'enfants terminent leurs études secondaires sans savoir très bien lire ni écrire. Les élèves plus avancés ignorent qui a combattu qui pendant la Deuxième Guerre mondiale et ne peuvent localiser la France (ou même leur propre région) sur une carte.

Au cours d'un des sondages portant sur «le manque de connaissances» des étudiants, une jeune fille identifia Tchernobyl, le site de l'accident nucléaire soviétique, comme le nom de famille de la comédienne Cher. N'est-il pas temps de faire des normes scolaires nationales une réalité? Ne devrions-nous pas refuser le permis de conduire aux élèves compétents qui ne répondent pas à ces normes?

Malheur à l'enseignant qui tente d'élever les normes! Si un professeur exige l'excellence et, par conséquent, accorde des notes trop faibles, les parents, le directeur et les membres du conseil scolaire y mettent aussitôt le holà. Personne ne demande à voir l'examen pour savoir si un élève raisonnablement sérieux aurait pu le réussir. On condamne l'épreuve pour la simple raison qu'un trop grand nombre d'élèves a obtenu une mauvaise note.

Comme autrefois, le champion de football est le héros, avec sa personnalité moche et tout. Et les murs du gymnase s'ornent de plaques spéciales commémorant de remarquables exploits athlétiques. Le temps le plus rapide de toute l'histoire de l'école pour les épreuves d'athlétisme et de natation est fièrement enregistré pour la postérité et sert d'objectif aux athlètes d'aujourd'hui. Nulle part, cependant, ne voit-on les noms des élèves qui ont obtenu une moyenne pondérée cumulative exceptionnelle ou des notes parfaites aux tests d'habileté scolaire.

Il n'y a pas très longtemps, alors que je feuilletais le *Chicago Tribune*, je tombai sur des photographies en *couleurs* de certains étudiants désignés comme les meilleurs athlètes du pays en volley-ball et en soccer. Je parie que le *Tribune* ne publierait jamais la photo en couleurs d'un adolescent qui n'est pas un athlète. Entrez à l'université à onze ans, sauvez six enfants d'un incendie, faites des milliers d'heures de bénévolat, et une photo en noir et blanc suffit. Mais faites de bons smashs et tout est possible.

Bien que leurs notes soient souvent médiocres, bien des adolescents doivent occuper un emploi, même pendant l'été.

Et ceux qui travaillent dépensent souvent leur salaire en vêtements et en vidéos au lieu de payer leurs études. Beaucoup de travailleurs adolescents se porteraient malades plutôt que de manquer une soirée excitante. Et je vois comme un mauvais présage le fait que, de plus en plus, les employeurs accrochent des affiches qui se lisent ainsi: «Aide *compétent(e)* demandé(e).»

Notre incapacité d'exiger l'excellence ne contribue pas à préparer nos enfants à la vie. Tandis que les enfants d'autres pays ont une année scolaire plus longue et se concentrent sur des études exigeantes, bien des enfants américains écoutent leurs radiocassettes, regardent la télé ou traînent dans les centres commerciaux. Quand vient le moment pour eux de se mesurer aux élèves d'autres pays, peut-on vraiment s'étonner de leur piètre performance?

RAPPELS

- Les postes de télévision de nos enfants ne devraient pas être plus gros et meilleurs que les nôtres.
- Si votre enfant vous manque de respect, ne lui achetez pas de voiture quand il aura 16 ans. Un «citron[*]» à la fois suffit amplement.
- Autrefois, les enfants avaient plus de temps que d'argent. Aujourd'hui, c'est le contraire.
- Heureusement, les manières à table des adolescents s'améliorent avec le temps.
- Les adolescents qui prennent le risque de rendre une jeune fille enceinte ne sont pas des hommes.
- La plupart des professeurs qui exigent une excellence absolue quitteront leur travail avec un sentiment d'impuissance.
- On pardonne tout à un athlète sauf de manquer de loyauté à son équipe.
- La dernière tondeuse à gazon qu'a poussée un adolescent n'aurait pas dû en être une qui fait des bulles.

---

[*] En anglais, le mot *lemon* désigne une personne ou une chose qui ne vaut rien.

Le plaisir à l'université

Vers le milieu de leur troisième année d'études secondaires, un grand nombre de nos enfants parmi les meilleurs et les plus brillants subissent un «choc du futur» lorsqu'ils se rendent compte enfin que, s'ils ne veulent pas devenir un membre travailleur normal de la société, ils feraient mieux de commencer à penser à l'université.

Même si nous les poussons depuis la maternelle sur la voie de l'excellence, c'est à ce moment-là seulement qu'ils commencent à entrevoir la vérité. Là où nous avons échoué, la menace d'un emploi imminent fait des merveilles.

Leur engouement soudain pour les études émerveille et attriste tout à la fois les parents incrédules et traumatisés. En effet, si nous nous réjouissons de voir que nos écoliers nouvellement inspirés sont capables d'un tel effort, c'est avec irritation que nous constatons qu'ils ont raté de nombreuses occasions de s'instruire auparavant. Néanmoins, étudier c'est étudier.

Vous rappelez-vous le temps où le choix d'une université ne rendait *pas* toute la famille dingue? Et le bon vieux temps où un cours universitaire de quatre ans ne coûtait pas plus qu'une maison?

Nos élèves du secondaire amorcent leur quête en expédiant des demandes de renseignements dans toutes les institutions dont ils ont pu entendre parler. Ils ne se montrent pas particulièrement sélectifs et présument que nous sommes prêts à payer leurs frais de scolarité, peu importe les sacrifices que nous devrons faire.

Plusieurs règles semblent s'appliquer quand vient le moment de décider où ils poursuivront leurs études. Premièrement, ils choisissent toujours des institutions plus chères que ce que leurs parents peuvent payer. Deuxièmement, ils ne s'intéressent qu'aux écoles auxquelles leurs résultats ne leur donnent pas accès. «Si seulement je pouvais faire ma première, ma deuxième et la moitié de ma troisième année là-bas, se disent-ils. Je leur montrerais.» Et enfin, l'institution publique de la région voisine est toujours préférable à celle de la leur.

Tout en envisageant d'expédier des demandes dans la moitié des universités du pays, nos enfants manifestent un intérêt tout à fait inopiné pour certains sujets.

C'est ainsi que l'adolescent qui, par deux fois, a expédié son cadet à l'hôpital à la suite d'une querelle annonce qu'il veut travailler avec les enfants. La jeune fille qui met une semaine à lire une brochure se pose en future bibliothécaire. Ils choisissent leur université sur cette base, même s'ils changeront de matière principale trois fois au cours de la première année.

Des études récentes démontrent qu'un divorce sur trois est causé par les fameuses «dissertations» exigées dans les demandes d'inscription. Les membres de certaines familles passent plus de temps à élaborer une «stratégie» qu'elles n'en ont passé ensemble depuis quatre ans. Forcément, maman et papa ne s'entendent pas sur les bonnes réponses de sorte que, pour une fois, le jeune essaie de se montrer diplomate.

Enfants et parents se transforment en romanciers. L'enfant qui n'ouvre jamais un journal se passionne soudain pour l'actualité mondiale. Un militant en puissance qui se caractérise par son attitude je-m'en-foutiste rédige un programme optimiste en douze points visant à améliorer le monde. Et les responsables des inscriptions acceptent joyeusement ces canulars du moment qu'ils perçoivent les frais de dossier.

De nombreux adolescents ont besoin de visiter toutes leurs universités de prédilection sans exception, afin de se faire une idée du campus. Maman et papa prennent donc congé et organisent une tournée mouvementée des principaux établissements. Le coût est sans importance. Souvent, les enfants finissent par entrer à l'université de leur propre région de toute façon ou posent des jugements instantanés et fondés sur des détails non pertinents. Il pleuvait le jour où ils se sont présentés à telle université? Biffée! Les dortoirs sont trop petits à telle autre? Laissons tomber! Le guide de telle université souffre d'acné? Dégueulasse!

Ayant été admis dans diverses écoles, nos enfants nous rendent fous avec leur indécision. Une semaine avant l'échéance, voici le genre de conversation que nous avons en général avec eux:

«Vers quelle université penches-tu aujourd'hui, chéri? demandez-vous.

— Eh bien! Andrée ira à l'université X si son amoureux y est admis et Roger attend de voir qui embauche les prodiges en sports avant de faire son choix entre l'université Y et l'université Z. Alors je ne sais pas quoi faire.

— Le moment n'est-il pas venu de prendre une décision finale? demandez-vous doucement.

— Je le ferai, maman, j'ai juste besoin d'un peu plus de temps. As-tu vu qu'il était tombé 20 centimètres de neige dans telle région la semaine dernière? Je n'ai pas de bottes convenables.

— Je sais que c'est complexe, chéri, répondez-vous, mais l'important c'est que tu sois heureux.»

Et cela continue ainsi jusqu'à ce que les dés soient jetés, qu'une décision finale soit prise et que l'avenir de l'enfant soit dans le sac.

Désormais, l'argent coule à flots pour assurer la subsistance de nos étudiants, et papa et maman demandent rarement des comptes. Nous devrions avoir honte bien que cela comporte certains avantages. Où inscririez-vous «marijuana» dans un bilan? Et puis si nos enfants viennent à manquer d'argent, il y a toujours la carte de crédit. Qu'est-ce qu'un peu d'intérêt entre amis?

Conscients de leur besoin de dépenser, les émetteurs de carte de crédit inondent les étudiants de première année d'offres de crédit facile. Dans une université, les étudiants recevaient un dictionnaire gratuit lorsqu'ils adhéraient à six cartes de crédit (six?). Certains émetteurs utilisent des critères d'admission ridiculement bas et n'insistent pas sur les antécédents en matière de crédit, les exigences relatives au revenu et la signature des parents.

Lorsqu'ils appellent à la maison, les étudiants s'intéressent parfois à l'argent, mais jamais à grand-mère. Bien qu'ils se plaignent de la hausse des frais de scolarité, ils ne manquent aucun grand concert de musique rock. Au lieu de passer leurs vacances à la maison pour renouer avec la famille, ou — Dieu les en protège! — travailler, ils font du ski à Vail ou de la plage à Cancún. Et tout au long de leurs quatre années d'études, ils oublient souvent de vous remercier.

Les étudiants découvrent de nombreux raccourcis durant leurs études. Beaucoup adhèrent à des confréries et trouvent un accès aux dossiers d'examen, ou encore choisissent des cours faciles. Saviez-vous que certaines universités offrent des crédits pour le billard miniature, l'anthropologie du jeu, la gymnastique minceur, le frisbee et même les vidéoclips? Sans blague.

Croyez-le ou non, deux organisations vendent des dissertations trimestrielles. L'une d'elles publie une brochure de 306 pages comprenant la description détaillée de 16 278 rapports de recherche prêts à être utilisés, «une véritable mine de renseignements à la portée de votre main». Il vous en coûtera «seulement» 7 $ la page jusqu'à concurrence de 190 $. Mais ne vous inquiétez pas, les notes en bas de page et la bibliographie sont gratuites.

Si vous avez besoin de travaux «personnalisés», cette organisation se vante de pouvoir mettre à votre disposition «75 écrivains professionnels ayant chacun leur propre domaine de spécialisation...» Vous pouvez passer votre commande en composant un numéro sans frais (avec la carte de crédit de papa, bien sûr!).

Un autre groupe offre le même service. Vous n'avez qu'à prendre votre carte de crédit et vous pouvez dire adieu à vos tracas scolaires. Les parents se consoleront en apprenant qu'au moins il y a de la concurrence dans ce marché inhabituel puisque cette compagnie invite sa clientèle à comparer ses prix.

Imaginez que vous déboursiez 15 000 $ par année en frais de scolarité et que votre enfant *achète* sa dissertation trimestrielle! Après tout, l'une de ces compagnies se vante d'être au service de la communauté étudiante nationale depuis octobre 1969. Comment nos grands quotidiens peuvent-ils en toute conscience servir de tribune à ces compagnies?

Bientôt, les étudiants n'auront même plus besoin d'assister aux cours. Dans la plupart des grandes universités, un service de prise de notes engage les meilleurs étudiants pour assister aux cours et prendre des notes. Ou encore un professeur met volontairement toutes ses notes de cours à la disposition des étudiants.

Dans l'une de ces universités, un étudiant déboursa une somme dérisoire pour acheter les notes de 48 cours de biologie et obtint un B au lieu du F qu'il aurait probablement décroché. Il ne mit jamais les pieds dans la salle de cours, sauf pour passer l'examen.

Bientôt, les étudiants se vanteront d'avoir obtenu leur diplôme universitaire sans jamais être entrés dans une salle de cours. Il est insensé que les universités ne mettent pas un frein à cette absurdité.

Il est de mise chez les étudiants de faire la bombe le vendredi et le samedi soir. En réalité, les campus où on ne fait la bringue que deux fois par semaine sont plutôt sinistres. En effet, pour certains étudiants, l'expérience universitaire tout entière est une grande fête.

L'alcoolisme atteint des proportions épidémiques sur tous les campus universitaires. Le bar, et non la bibliothèque, est au centre de l'action. Les étudiants avalent un verre après l'autre dans une tentative désespérée d'avoir l'air heureux. Quand ils vomissent, ils savent qu'il est presque temps de cesser de boire.

La Commission des licences et des permis d'alcool dut passer un décret visant à bannir l'alcool lors des soirées organisées dans les résidences d'étudiants. «C'est triste à dire, a déclaré le président, mais les soirées à la bière sont la seule forme d'activisme étudiant.» Les magasins de boissons alcoolisées n'ont plus le droit de livrer des tonnelets et des caisses de bière aux universités. Sous-estimant la nécessité d'une telle mesure, un étudiant fit observer: «On va à l'université pour apprendre et boire. Personne ne pourra empêcher cela.»

Des scandales liés à l'alcool éclatent sur tous les campus. Sur l'un d'eux, on dut suspendre le programme de hockey après que des joueurs de première année durent être hospitalisés pendant trois jours parce qu'on les avait forcés à boire une trop grande quantité d'alcool. On retrouve le même phénomène partout. Chaque année, on entend parler d'un futur membre d'une confrérie qui décède à la suite d'un «innocent» rite d'initiation à l'alcool.

Lorsque l'alcool n'empiète pas sur le temps consacré à l'étude, le sexe s'en charge. L'expression «homme fort du campus» revêt soudain une nouvelle signification. Maintenant, les dortoirs étudiants sont mixtes, et avoir un invité pour la nuit est un droit inaliénable. Souvent, nos filles doivent partager leur chambre avec une compagne *et* son partenaire.

Les confréries créent des ennuis particuliers. Pour beaucoup d'étudiants, elles sont indispensables et constituent l'unité sociale fondamentale de leurs années universitaires. Les diplômés s'en rappellent avec affection, mais les excès commis en chemin sont beaucoup trop copieux. La plupart des incidents raciaux ou ethniques semblent mettre en cause d'une façon ou d'une autre les confréries. L'alcoolisme de leurs membres est légendaire, et les lits, très utiles, font des hommes «heureux» et des étudiantes enceintes.

L'une de ces confréries a été bannie pendant cinq ans à la suite du viol supposé d'une étudiante adolescente. Dans une autre université, des «braqueurs de slips» pénétraient à l'improviste dans les chambres des étudiantes et réclamaient leurs slips et des autographes sur leurs postérieurs nus.

Dans une autre institution, les jeunes femmes acceptées dans les clubs d'étudiantes doivent foncer à travers une foule de 200 hommes qui peuvent les toucher partout où ils veulent. «C'est horrible, dit l'une d'elles. Ils empoignent toutes les parties de votre corps qu'ils peuvent atteindre. Mais c'est marrant aussi. Tout le monde devrait l'essayer.» Pourquoi les hommes participent-ils à cette initiation? «La tradition, mec, la tradition!» s'exclame une étudiante.

Les viols commis par des connaissances foisonnent sur tous les campus. Le nombre de victimes s'accroît quotidiennement, et un conseiller a déclaré que, pour bien des étudiants, ce type de viol est «une façon de vivre». Un sondage effectué en 1985 sur 32 campus révélait qu'une étudiante sur huit avait été forcée d'avoir des rapports sexuels. Or les chiffres augmentent chaque jour. Je suppose que les garçons que nous avons réussi à élever sont habitués à obtenir *tout* ce qu'ils veulent.

Bien sûr, beaucoup d'étudiants réussissent à se consacrer à leurs études malgré ces diversions. Mais il reste que la futilité est reine. Le campus cesse pratiquement toute activité à l'heure de son téléroman favori. Et si une vedette rock et le président du pays apparaissaient simultanément à la télévision, nous savons fort bien lequel des deux susciterait le plus d'intérêt.

Après leurs études, un grand nombre de nos jeunes repoussent le mariage de dix à vingt ans comme pour se garantir une union heureuse. Les couples ne se marient plus six mois après l'éclosion de leur amour, mais plutôt quand ils possèdent suffisamment d'argent liquide pour acheter une maison de taille respectable et des meubles de qualité. Finies les années où l'on tirait le diable par la queue, et que les couples d'une époque considéraient comme les plus heureuses.

Cependant, nos enfants finissent quand même par se marier pour la plupart, et — ainsi va la vie — ils ont des enfants destinés à avoir une vie plus facile qu'eux. Et le cycle des gâteries recommence.

RAPPELS

- Un étudiant peut choisir une université sans d'abord la visiter.
- Nos enfants ne sont pas la première génération à découvrir qu'il est plus amusant de faire la noce que de travailler.
- Le nombre d'institutions où un enfant fait sa demande ne devrait pas excéder le double de la moyenne pondérée cumulative qu'il a obtenue à l'école secondaire.
- Les étudiants qui boivent le plus sont les moins heureux.
- La plupart des escrocs qui ont réussi font leurs premières armes lorsqu'ils répondent aux questions des dossiers d'inscription à l'université.
- Les universitaires qui ne remercient pas leurs parents de leurs cadeaux n'en méritent aucun.
- Une expérience universitaire marrante n'a aucune valeur si, au moment de la remise des diplômes, les étudiants ne peuvent épeler correctement «bombance».
- Il est difficile pour les étudiants d'affirmer qu'ils ne peuvent faire face à l'augmentation des frais de scolarité s'ils se rendent régulièrement dans un salon de bronzage.

Changer nos enfants

Du désordre partout

Le fait que nous ayons gâté nos enfants et que cela ait provoqué un comportement indésirable chez eux coïncide avec d'autres tendances qui diminuent la qualité de notre vie. Les problèmes n'ont pas commencé avec nos enfants et ils ne finiront pas avec eux. Ce sont les symptômes de quelque chose de terriblement anormal, d'une société qui s'est égarée de façon dramatique.

Plus la société fait des progrès sur le plan économique, plus nos problèmes nous paraissent importants. Cela est peut-être inévitable et préférable à une grave stagnation de l'économie.

Mais nous avons l'air de souffrir d'une dépression de l'âme. Nous avons les moyens d'acheter de vastes propriétés, mais il nous faut un système de sécurité à tout prix. Même les gens qui travaillent 16 heures par jour ont besoin de somnifères pour dormir. Dans un pays dédié à l'optimisme et à la pensée rationnelle, l'alcool et la drogue empoisonnent nos esprits et détruisent des millions d'entre nous.

Nous sommes devenus une société centrée sur ses marottes, qui ne privilégie que peu de valeurs durables. Des sushis aujourd'hui, des kiwis demain. La boîte branchée où nous avons dansé le mois dernier fermera ses portes à la fin de l'année. Et nous nous en fichons. Autrefois, nous exigions au moins d'en avoir pour notre argent. Plus maintenant. Nous savons que nos engouements sont de courte durée et cela nous importe peu.

Nos seuls efforts de planification professionnelle consistent à choisir une loterie d'État. Le premier prix du plus important *sweepstake* s'élève à la somme renversante de *dix* millions de dollars. Apparemment, cinq millions ne suffisent plus à motiver les gens.

Le terme «branché» a acquis un cachet unique et représente le critère décisif en matière de consommation. Si quelque chose est branché, il faut l'acheter. Si le bon magazine dit que c'est branché, achetez-le! Les médias, les fabricants et les agences de publicité s'unissent pour nous convaincre de la popularité croissante de tel ou tel article. Et souvent, nous réagissons comme des moutons.

Vous souvenez-vous du chahut monstre que suscita Michael Jackson il y a quelques années, alors qu'il se trouvait au faîte de sa popularité? Il ne s'agissait pas simplement de l'adulation normale que portent des admirateurs à une vedette, mais d'un transfert presque messianique d'amour et d'affection. Nous avions presque déifié le chanteur. Et une fois le battage publicitaire apaisé, Michael redescendit sur terre: s'il demeurait une formidable bête de scène, il n'était plus un dieu. Car nous nous sommes empressés d'en adorer un autre.

Tenir compte de tous nos engouements récents serait une tâche inappréciable. Julia Roberts était à la mode: les bottes rouges aussi. La nourriture thaïlandaise est de plus en plus prisée: passez-moi les baguettes. Les belles filles boivent de l'eau en bouteille: cul sec! Peu importe notre opinion pourvu que nous suivions ce que nous croyons que suit la foule.

Nous sommes une société pressée. Nos restaurants offrent un service à l'auto, nos avions sont supersoniques, nos tournevis, électriques, et nos lunettes et nos photographies, prêtes en une heure. Même nos meurtres se commettent au volant d'une voiture. Nous dépensons des fortunes en programmes d'amaigrissement rapide et en charlataneries destinées à nous enrichir rapidement. Nous nous forçons à vivre à ce rythme, nous pressant sans cesse, bougeant sans cesse, peut-être pour ne pas nous arrêter et réfléchir à nos relations et à notre vie.

Les problèmes auxquels nous nous heurtons sont énormes, et nous les connaissons bien. Le divorce et la violence faite aux enfants prennent des allures d'épidémie. L'alcoolisme et la toxicomanie entraînent une misère incommensurable et la mort.

Quarante-six millions d'entre nous prennent des somnifères pour dormir et cinq millions souffrent d'insomnie. En tout temps, un bon 15 p. 100 d'entre nous souffrent de troubles mentaux. Le crime, la pornographie et les agressions sexuelles augmentent de façon vertigineuse et ne semblent pas devoir s'arrêter.

Il existe maintenant une nouveauté dans les librairies. En effet, outre les sections intitulées «Voyages» et «Histoire», il en existe une nouvelle appelée «Dépendance et guérison». Significatif, non?

Chez les enfants, le tableau ne vaut guère mieux. Le nombre d'adolescentes enceintes prend des proportions effarantes à l'échelle nationale de même que les maladies sexuellement transmissibles. La consommation d'alcool et de drogues est un plaisir accepté dans tout le pays. Chaque année, un million d'étudiants abandonnent leurs études secondaires; les meurtres et les viols perpétrés au hasard sont de plus en plus fréquents, sans parler de la croissance des cultes et des événements occultes.

Nos écoles fonctionnent parfois à peine. Les enseignants se font souvent injurier et agresser, et on soumet les étudiants au détecteur de métal pour voir s'ils sont armés de couteaux ou d'armes pires encore. Beaucoup de nos diplômés ne possèdent pas les aptitudes à l'écriture et à la lecture requises pour espérer un avenir modeste mais heureux.

Les héros de nos enfants sont de piètres sources d'inspiration. Chaque jour, nous apprenons qu'une nouvelle vedette rock a obtenu un divorce, donné naissance à un autre enfant hors du mariage, battu son partenaire sexuel ou est entrée dans un centre de traitement. Une jeune chanteuse ne peut même pas rêver de devenir une vedette si elle n'a pas assommé quelques cameramen. Et les médias font état de ces comportements avec éclat et vigueur.

Ne pouvons-nous pas prendre des mesures contre ces gens? Serait-ce si terrible si le FCC[*] interdisait aux stations de radio de diffuser les chansons des toxicomanes incarcérés pour six mois? Si ces multimillionnaires se plaignaient du manque à gagner, on n'aurait qu'à leur rappeler qu'ils auraient dû penser

---

[*] Federal Communications Commission (Commission fédérale des communications). [N.D.T.]

aux conséquences de leurs actes avant d'agir. Hollywood ne peut-elle interdire aux enfants vedettes admis dans un centre de traitement à 14 ans de jouer dans un film avant 18 ans? Bien sûr, les procureurs s'en donneraient à cœur joie, mais ne devons-nous pas faire *quelque chose?*

Dans le domaine des sports en particulier, la situation est devenue incontrôlable. Les sports occupent une place suprême, presque sacrée pour nous. Nous glorifions l'athlète et lui versons des salaires faramineux. L'argent a un impact partout. Tous les grands noms de la publicité sont associés aux manifestations sportives. À quand les Olympiques Sony?

Il est difficile de croire que notre histoire d'amour avec les sports n'a pas toujours été aussi intense. Encore une fois, il faut en blâmer surtout notre chère télévision. Autrefois, le meilleur joueur de football recevait un trophée; aujourd'hui, on le porte aux nues au cours d'une émission télédiffusée à l'échelle nationale. Comme le disait récemment un ancien champion, il y a 30 ans, le trophée n'obtenait pas «un centième» du battage publicitaire qu'on lui fait aujourd'hui.

Les sports sont partout: sur les réseaux de télévision payante, sur les autres réseaux et un peu partout ailleurs. Regardez les fortunes qu'on a dépensées pour la télédiffusion des jeux Olympiques. NBC a versé 401 millions de dollars pour obtenir les droits de télédiffusion des jeux d'été de 1992. Pas plus tôt qu'en 1972, ces mêmes droits se vendaient seulement 7,5 millions de dollars; en 1960, 394 000 $. Et, croyez-le ou non, les droits des Jeux d'hiver de 1960 ne coûtaient que 50 000 $. Vraiment.

Vous vous rappelez quand les Mets sont entrés dans la Ligue nationale en 1962? Savez-vous à combien s'élevaient les droits de franchisage pour le marché de New York seulement? À 1,8 million de dollars seulement. Comme nos priorités ont changé!

Aujourd'hui, même les annonceurs gagnent des fortunes. Les annonceurs! Certains d'entre eux touchent 1,7 million de dollars par année! Et ils signent des contrats de quatre ans, sans parler des revenus additionnels qu'ils tirent des annonces pour des quincailleries.

L'argent influence nos sports, comme tout le reste d'ailleurs. Aujourd'hui, une apparition dans le Orange ou le Rose

Bowl rapporte des millions aux écoles. De nombreux joueurs de base-ball gagnent plus de trois millions de dollars par année. Pensez-y, gagner une somme pareille en un an simplement pour brandir un bâton. Cela représente plus de 8 000 $ pour chaque jour de l'année, ou environ 2 000 $ par manche dans un horaire normal.

Le frappeur qui se rend au bâton 500 fois au cours de la saison gagne 6 000 $ *chaque fois*. Même s'il est retiré quatre fois par match.

Manifestement, ce sont là des joueurs très talentueux, et il est équitable que les propriétaires partagent leur richesse avec eux. Mais, étant donné les salaires qu'ils touchent, ne peut-on exiger des athlètes une conduite exemplaire? Pourquoi les responsables des ligues n'imposent-ils pas des normes de conduite fermes à ces superchampions?

Chacun sait que la drogue est présente dans toutes les ligues professionnelles. Les dirigeants pourraient dire: «Prenez de la cocaïne, et c'en est fait de vous», mais ils ne le font pas.

D'après vous, quelle devrait être la sanction imposée à un athlète qui gagne un million de dollars et qui consomme de la cocaïne? Devrait-il être banni de la ligue un an? Deux ans? Cinq ans? À vie? Ces dernières années, le joueur qui commettait une *deuxième* offense écopait seulement une suspension de 30 jours. Ces gens-là sont-ils sérieux? Donnent-ils l'exemple à nos enfants?

Et que dire des milliers de personnes qui achètent des billets coûteux pour assister à des jeux entre toxicomanes? La drogue ne menace-t-elle pas l'intégrité du jeu? N'est-il pas risqué qu'un joueur envisage de faire moins d'efforts sur le terrain si son fournisseur menace de révéler qu'il consomme de la drogue?

Il arrive qu'un joueur qui a été suspendu parce qu'il consommait de la drogue participe activement au programme antidrogue de son équipe. Les Steelers de Pittsburgh engageaient des pourparlers avec un quart-arrière quatre jours après qu'il eut été renvoyé pour avoir tenté à trois reprises de vendre de la cocaïne. Faut-il s'étonner, dans ce cas, que le président du comité sur les narcotiques et les drogues ait demandé à toutes les ligues majeures de sports de bannir à vie les joueurs dès la première consommation illégale de drogue?

Étant donné les sommes que l'on consacre aux sports dans les universités et la mentalité selon laquelle on doit gagner à tout prix, les modalités de recrutement utilisées dans ces institutions sont proprement scandaleuses. Les joueurs obtiennent de l'argent sous la table et même des filles. Quand on dit qu'une université a les meilleurs joueurs que l'on puisse acheter, ce n'est pas très amusant. On courtise les joueurs prodiges du secondaire dans un étalage peu élégant des priorités de notre société. Les partisans leur offrent de l'argent comptant, les écoles leur offrent des cours faciles, et les entraîneurs prétendent ne pas être au courant de ces entourloupettes.

De plus, les contraintes imposées aux enfants sont énormes. Récemment, une vedette de niveau secondaire décida d'offrir ses talents en basket-ball à une université autre que celle de l'Indiana, son État natal. Cette décision offusqua bon nombre de ses concitoyens. Comme le laissa entendre le père du joueur, ceux-ci auraient-ils été contrariés si son fils avait décidé de devenir ingénieur et s'était inscrit à l'Institut de technologie du Massachusetts (MIT)?

Quand un programme universitaire est placé sous la «férule» de la molle NCAA*, l'entraîneur sait que sa place n'est pas menacée. Ne serait-ce pas merveilleux si le véritable responsable perdait son emploi? Le rédacteur en chef d'un quotidien écrivait récemment avec raison, après la suspension d'une équipe de football: «Combien de violations se produiraient si les entraîneurs en chef se savaient forcés de démissionner à la suite des sanctions?»

Même les jeux Olympiques sont pollués par l'argent. De nombreux pays paient leurs athlètes selon qu'ils gagnent des médailles d'or, d'argent ou de bronze. Même chez les athlètes américains, peut-on être certain que chacun est motivé par l'excellence et par l'amour de son pays plutôt que par la possibilité d'être engagé par les Ice Capades et d'obtenir des appuis?

Toutes ces tendances se répercutent sur nos enfants des niveaux secondaire et primaire. Chaque fois qu'une étoile professionnelle parle d'un ancien entraîneur, c'est toujours pour en

---

* National Collegiate Athletic Association (Association nationale des sports universitaires). [N.D.T.]

faire l'éloge. Mais à mesure que les sommes en jeu grossissent et que la mentalité du gagnant unique qui règne dans les universités envahit nos écoles secondaires et élémentaires, certains de nos enfants paient un prix très élevé.

Les stéroïdes posent un problème même au niveau secondaire. Si votre enfant fait de la lutte ou joue au football, parlez-lui-en. S'il affirme qu'aucun joueur de son équipe ne prend de stéroïdes, il est probable qu'il mente. Même les athlètes *féminines* en consomment. Qui prendra la peine de communiquer avec l'entraîneur et le conseil scolaire pour s'assurer qu'il existe des règles de conduite visant à protéger les enfants contre eux-mêmes?

Que dire de tous ces joueurs de la Petite Ligue qui se détruisent les bras en lançant des courbes à 12 ou 13 ans? Tous les entraîneurs soutiennent en toute innocence que les balles effectuent une courbe «naturelle». Qui voudra avaler cette couleuvre-là?

Nos petits athlètes imitent les comportements odieux qu'ils observent chaque fois qu'ils regardent la télé. Les *ego* n'ont jamais été aussi enflés; chaque joueur se prend pour une future vedette. Si l'entraîneur n'aime pas l'attitude du joueur, pas de problème: l'enfant est muté dans une autre école où l'entraîneur l'accueille à bras ouverts.

Le désordre qui règne dans notre société n'excuse pas le comportement de nos enfants, mais il permet de mieux le comprendre.

Si nous volons d'un engouement à l'autre, pourquoi nos enfants nourriraient-ils des valeurs constantes?

Si nos enfants constatent que nos réussites ne nous ont pas apporté le bonheur, pourquoi voudraient-ils réussir?

Si nos enfants voient que leurs héros ne sont pas punis lorsqu'ils consomment des drogues, pourquoi ne s'attendraient-ils pas à être traités de la même façon?

Et si la société croit qu'une équipe peut gagner à tout prix, pourquoi les enfants se soucieraient-ils de la façon dont le jeu est joué?

Au milieu de ce chaos, il est encore possible d'exercer une discipline efficace, mais c'est plus difficile. Les valeurs que nous affichons dans notre façon de vivre doivent être identiques à celles que nous exigeons de nos enfants. Car, quels que soient ses défauts, la nouvelle génération n'est pas idiote, et elle peut repérer un hypocrite à dix lieues à la ronde.

81

RAPPELS

- Le terme «branché» est ignoble.
- Plus nous achetons de billets de loterie, plus nous perdons d'argent.
- Les enfants qui vénèrent des vedettes rock comme de vrais dieux montrent qu'il leur en manque un.
- Les héros qui enfreignent la loi ne méritent pas qu'on les appuie.
- Les entraîneurs universitaires ne devraient pas gagner plus de quatre fois le salaire annuel du président de l'université.
- Un superathlète qui touche quatre millions de dollars par année ne devrait pas toucher une prime parce qu'il fait partie de l'équipe des étoiles.
- Les parents qui tentent de transformer leurs enfants en clones ont souvent une image peu réaliste d'eux-mêmes.

Des foyers dominés par les enfants

Vous rappelez-vous le prétendu «bon vieux temps» où les enfants écoutaient au lieu de parler?

Aujourd'hui, les enfants de sept ans injurient régulièrement leurs parents, et souvent nous les laissons faire. Nous avons mis nos enfants sur un piédestal, et notre vie familiale tourne autour d'eux. Leur moindre souhait, pensée et sentiment nous cause du souci. Nous sommes littéralement obsédés par le bonheur de nos enfants.

Les maris et les femmes sont des déshérités de la société qui n'ont droit qu'à des restes affectifs. Nous essayons de donner à nos enfants une vie parfaite, exempte de souffrance, comme si cela était souhaitable et possible.

Souvenez-vous de la première fois où votre nouveau-né a eu le hoquet. Avec une grande nervosité, vous regardiez l'enfant secoué à chaque hoquet et vous craigniez que ces contractions naturelles ne soient le présage d'une calamité d'ordre médical. Le hoquet passait invariablement au bout d'un court moment. Chez votre deuxième enfant, vous n'y prêtiez même plus attention. Voilà le genre d'inquiétude inutile que nous manifestons toute notre vie à l'égard des émotions de nos enfants.

Nous n'avons jamais dit que la vie était sans douleur, alors pourquoi chacune des souffrances mineures de nos enfants nous déchire-t-elle?

Nous nous mettons martel en tête pour la moindre décision qui concerne nos enfants, car nous croyons qu'une seule erreur entraîne toute une vie de souffrances. Allaiter ou ne pas allaiter? Continuer avec le biberon ou passer à la tasse? Entraîner à la propreté cette semaine ou la semaine prochaine? Pourquoi Didi ne rampe-t-il pas? Le fils de Julie rampe bien, lui. Et si ce n'était pas la meilleure maternelle pour Martine?

Nous avons tous connu d'innombrables petits chagrins et déceptions quand nous étions enfants, mais nous y avons survécu. Sans doute avons-nous même tiré des leçons de ces expériences. Mais nous refusons de donner la même chance à nos enfants.

Cela pourrait-il, dans une certaine mesure, expliquer l'augmentation du nombre de suicides chez les adolescents? Chaque année, nous entendons parler d'un premier de classe qui se tire une balle dans la tête après avoir échoué à un examen. Ou d'un adolescent qui met fin à ses jours à cause d'un échec amoureux. Nous voulons tellement protéger nos enfants de la souffrance qu'ils n'ont jamais la possibilité d'apprendre à l'affronter.

Nous analysons interminablement. Et quand nous nous décidons à sévir, nous nous sentons obligés de tout *expliquer* à l'enfant, de lui dire à quel point nous regrettons d'agir ainsi et de le rassurer en lui disant que nous l'aimons (comme si cela pouvait être mis en doute).

Nous voulons que sa vie, à l'instar de son shampooing, soit «sans larmes». S'il n'est pas admis dans l'équipe de base-ball, nous disons que l'entraîneur est «injuste». S'il n'obtient pas de bonnes notes, c'est le professeur qui est «bizarre». Si ses camarades le taquinent, nous prenons cela pour une tragédie nationale. Nous tentons de limiter la durée de ses crises de colère.

Chaque jour doit être agréable, même si ce sont les jours de pluie qui nous permettent d'apprécier le soleil.

Les parents font un sacrifice après l'autre, trop souvent, en fait, pour le bien de leurs enfants. Papa fait des heures supplémentaires pour pouvoir offrir à Marie la poupée annoncée à la télé, avec laquelle elle s'amusera pendant trois semaines (si papa a de la chance!). Maman et papa annulent les courtes vacances qu'ils avaient prévu de prendre afin que Philippe, qui n'a pas été sage une seule journée en trois ans, puisse avoir le Noël qu'il mérite. Et quand les enfants sont en âge d'entrer à l'université, nous, parents, repoussons des années de plaisir afin qu'ils puissent faire la noce et peut-être abandonner leurs études.

L'ennui est un sentiment que nos enfants ne connaissent plus. Nous leur achetons des téléviseurs, des jeux vidéo et presque tout ce qu'ils désirent simplement pour qu'ils soient heureux, comme si la possession de biens était un gage de bonheur.

Vous rappelez-vous l'époque où les enfants allaient jouer dehors? Oui, dehors, avec les enfants du voisinage. Aujourd'hui, ils fuient dans les salles de divertissement que nous appelons chambres à coucher, ou participent à des activités payantes et surveillées que nous devons organiser pour eux.

Avions-nous autant d'activités quand nous étions enfants? Pourtant, nous occupions notre temps, n'est-ce pas? N'étions-nous pas dans une meilleure forme émotionnelle que les enfants d'aujourd'hui, tout en ayant beaucoup moins?

Nous les protégeons du travail tout en continuant de clamer notre croyance en une morale fondée sur le travail. Beaucoup d'enfants ne participent jamais aux tâches domestiques, et, s'ils s'y prêtent, ne sont pas punis quand ils échappent à leurs obligations. On les prive rarement d'argent de poche puisqu'ils considèrent de plus en plus le fait de dépenser de l'argent comme un droit acquis.

Même si un programme permet aux enfants inscrits dans un camp de vacances de vendre des friandises pour payer le coût de leur séjour, combien d'entre nous exigent que leurs enfants le fassent? Si ceux-ci ne sont pas prêts à faire un petit effort, méritent-ils d'aller au camp?

Beaucoup d'enfants font littéralement la loi dans nos maisons. Leurs opinions et leurs idées sont les seules qui comptent. Quand l'agent de télémarketing demande à parler au «chef du ménage», bien des parents passeraient le combiné à leurs enfants s'ils étaient honnêtes.

Les repas sont organisés non pas à la convenance de papa ou de maman, mais en fonction de l'horaire télé de Josiane. La famille planifie ses vacances en tenant compte du tournoi de soccer d'Éric. Nos enfants choisissent le restaurant où nous mangerons et le film que nous regarderons comme si nos opinions et nos préférences n'avaient aucune valeur.

La question n'est pas de savoir ce qui est bon pour la famille, mais ce qui est bon pour Julie. Dans des millions de foyers, les enfants sont les maîtres. On pratique à leur égard l'obéissance et le respect que l'on réservait autrefois aux parents âgés qui vivaient avec nous.

En fait, nous *consultons* nos enfants comme s'ils étaient nos égaux. Si nous voulons aller chez grand-mère mais eux pas, nous perdons notre temps à leur expliquer les raisons de cette visite. Pourquoi ne pas leur ordonner de monter dans la voiture tout bonnement? Ou si Joël ne veut pas porter le pull que sa tante lui a offert en cadeau, nous négocions avec lui dans l'espoir d'éviter un drame familial. Pourquoi prêtons-nous à nos enfants des capacités de raisonnement supérieures à celles de leur âge?

Toute cette sollicitude produit-elle de bons résultats? Les tout-petits n'étaient-ils pas plus stables du temps où ils écoutaient au lieu de parler? du temps où les parents n'avaient pas besoin de les regarder jouer? du temps où nous ne les traitions pas comme nos égaux? du temps où c'est *nous* qui décidions quelle émission la famille regarderait?

Les enfants qui sont traités comme s'ils étaient le centre de l'univers ne s'entendent pas avec les autres enfants, ou pis encore, avec eux-mêmes. Les discipliner constitue vraiment un défi de taille.

RAPPELS

- La place des enfants est sur des pédales, non sur un piédestal.
- En temps normal, les activités des enfants devraient être organisées à la convenance des parents et non l'inverse.
- Si nous organisons constamment des activités pour nos enfants, soyons certains qu'ils s'ennuieront quand rien ne sera prévu pour eux.
- Si nos enfants peuvent survivre à une chute au terrain de jeu, ils survivront à une occasionnelle décision erronée.
- Si nous avons survécu à nos parents, il est probable que nos gosses nous survivront.
- Une fois tous les dix trajets en voiture, les parents devraient avoir le droit de choisir le poste de radio qu'ils écouteront.
- Des éloges excessifs font de nos enfants des élèves médiocres.
- La vie n'a jamais été sans douleur. Nos enfants doivent

connaître des déceptions afin d'apprendre à affronter les échecs et les imperfections.

- Un commentaire honnête est plus salutaire pour nos enfants que des compliments non mérités.
- Il n'y a pas de parents parfaits.

Épargne-moi ton courroux

Dans l'une des chansons les plus populaires des Beach Boys, une jeune automobiliste «se marre, se marre, se marre jusqu'à ce que son papa lui enlève la Thunderbird».

Si nous devions mettre cette chanson à jour afin de mieux traduire le type de discipline que l'on exerce aujourd'hui, la jeune fille roulerait encore sur l'autoroute, libre de tout souci. Son père s'y opposerait toujours, mais, au lieu de la priver de voiture, il continuerait de lui servir d'inefficaces mises en garde. Car le vieux n'est plus assez dur pour faire respecter les valeurs qu'il préconise. Il préfère rester ami avec sa fille et prier pour sa sécurité plutôt que de faire ce qu'il faut.

Dans notre société moderne, nous préférons accorder une deuxième, une troisième et même une quatrième chance à nos enfants. Ceux-ci peuvent désobéir en toute impunité, forts de savoir que leurs premiers écarts de conduite se heurteront à un simple haussement de sourcils plutôt qu'à une prompte punition. Nous sommes paralysés à l'idée de tenir nos enfants pour responsables de leurs actes, peu importe avec quelle clarté nous énonçons nos normes.

Qu'est-ce qui nous empêche de sévir? Nous nous posons en ardents défenseurs des normes de la société, mais qu'en est-il au juste? Un individu vole et agresse un citoyen du troisième âge, et nous nous soucions davantage de réhabiliter l'accusé que d'empêcher que d'autres agressions semblables soient commises contre des innocents. À l'encontre de toute logique, nous continuons d'éprouver de la compassion pour le criminel plutôt que pour la victime.

À mon avis, ce malencontreux sentiment reflète plus qu'un désir d'être aimé, car nous agissons ainsi même quand nous ne connaissons pas le malfaiteur. Voulons-nous simplement encourager l'égaré? Pourquoi le criminel mérite-t-il davantage notre sympathie que la grand-mère sans défense? Pourtant, nous reculons devant la perspective d'imposer de longues peines de prison aux criminels condamnés même si nous nous opposons au crime.

N'est-ce pas étrange? Peut-être pensons-nous que le criminel a grandi dans un environnement défavorable et qu'il n'est pas tout à fait responsable de ses actes? Mais cela n'explique pas tout. Même les individus issus d'un milieu favorisé méritent notre sympathie.

Dès l'instant où nous invoquons l'environnement d'une personne pour excuser sa mauvaise conduite, nous insultons toutes les personnes qui vivent dans des circonstances similaires et pourtant mènent une vie exemplaire; nous sapons leurs efforts.

Regardez comment les tribunaux traitent nos criminels. Presque tout un chacun dans notre société affirme qu'il veut des peines plus lourdes, car le crime mine gravement notre qualité de vie. Les juges en lice soutiennent qu'ils se montreront «impitoyables envers les criminels», les procureurs du gouvernement se prétendent «impitoyables envers les criminels», la police se dit «impitoyable envers les criminels». Dans ce cas, pourquoi ne sommes-nous pas impitoyables envers les criminels?

D'où viennent les tractations et les mises en liberté surveillée? Pourquoi les volontés concertées ne peuvent-elles donner les résultats que désirent la plupart des gens? Pourquoi nous soucions-nous davantage de garder un criminel hors de prison que de préserver la sécurité des citoyens?

Il ne s'agit pas ici d'une querelle entre gens de gauche et gens de droite. Presque tout le monde souhaite que des peines plus sévères soient imposées aux individus jugés coupables d'un méfait. Pourtant, nous n'avons pas la volonté de châtier.

Si nous ne pouvons punir les criminels, y a-t-il même l'ombre d'une chance que nous puissions punir nos enfants? Nous sommes incapables d'infliger une punition qui entraîne de l'inconfort, du chagrin ou une déception. Il est tellement plus facile de donner un avertissement et d'accorder une autre chance!

Les rares fois où nous sévissons, cela nous perturbe, même si nous savons, logiquement, qu'il ne devrait pas en être ainsi. Nous préférons voir le mauvais comportement se répéter que supporter le sentiment négatif qui nous tourmente quand nous sévissons. Car, même si nous parlons durement à nos enfants, nous nous montrons presque toujours compatissants et compréhensifs.

Il suffit de voir la faiblesse dont nous faisons preuve dans les écoles. Nous savons tous que, dans certains districts scolaires, les revolvers et les couteaux, tout autant que les agressions, font partie d'une journée d'école normale. Et pas seulement dans les quartiers mal famés. Nous ne pouvons même pas garantir à certains de nos enfants un environnement sans danger pour apprendre.

Nous prétendons attacher de l'importance à l'éducation de nos enfants et voulons que le temps qu'ils passent à l'école soit fructueux, mais observez ce qui arrive quand un ou deux enfants ne cessent de perturber les cours. Souvent, ces enfants rendent les professeurs dingues, et l'on comprend que ceux-ci ne puissent pas donner le meilleur d'eux-mêmes. En outre, en perturbant constamment les cours, les fauteurs de troubles empêchent nos enfants de recevoir l'instruction que notre société leur promet.

À l'instar des criminels dans notre système judiciaire, ces enfants continuent de s'amuser sans jamais être punis de façon efficace. On les menace sans jamais sévir. Ils sont admis dans les équipes sportives et la chorale, participent aux excursions et aux fêtes scolaires. La plupart des enseignants sont déroutés par leur comportement. Nos enfants souffrent, et personne ne s'en soucie assez pour *régler* le problème.

Même si tous les professeurs, les administrateurs et les conseillers s'entendent pour dire que le perturbateur devrait être placé dans une classe spéciale, dans la plupart des cas, le directeur ne peut agir sans la permission des parents. Or de nombreux parents lui refusent cette permission même si une classe spéciale constituerait sans doute le meilleur environnement pour leur enfant.

Malheureusement, le conseil scolaire ne peut passer outre et courir le risque d'être poursuivi en justice par les parents. Aussi, l'histoire s'arrête-t-elle là. Quant à nous, nous nous croisons les bras et laissons nos enfants souffrir chaque jour à cause des interruptions continuelles.

Les parents des enfants indisciplinés soutiennent toujours que leur enfant traverse «une période difficile» ou connaît des «difficultés familiales». Quand cela serait, pourquoi l'éducation de nos enfants devrait-elle en souffrir? Ces insoumis ne sont-ils pas ceux qui ont le plus besoin de discipline?

S'ils *savaient* qu'on peut les mettre dans une classe spéciale sans le consentement de leurs parents, peut-être qu'ils se mettraient au pas. De plus, quand les élèves dociles constatent que les récalcitrants ne sont pas punis, en quoi cela les encourage-t-il à bien se conduire?

Compte tenu de tous les problèmes auxquels nous nous heurtons à la maison, l'école n'est-elle pas quasiment obligée de servir de dernier recours et de se montrer stricte en matière de discipline? Si les parents ne les disciplinent pas, les enfants n'ont qu'une seule autre chance: celle de fréquenter une école qui se soucie assez d'eux pour les encadrer. Or les écoles prêchent souvent la compréhension envers les élèves qui ont désespérément besoin d'être punis et, de la sorte, privent ceux-ci de l'élément clé qui pourrait leur permettre de mener une vie de qualité et de valeur.

Nous multiplions les menaces mais ne les mettons jamais à exécution. Nous croyons donner aux enfants une «seconde chance» mais c'est faux. Ils ont peut-être reçu des centaines, voire des milliers de «secondes chances» de la part de personnes qui préféraient être aimées plutôt qu'utiles. Si toutes les menaces précédentes ont échoué, pourquoi pensons-nous naïvement que la prochaine fera de l'effet?

Avez-vous remarqué qu'un nouveau terme se répandait dans nos écoles secondaires et nos universités, surtout chez les athlètes? Les joueurs ont maintenant des «précédents»: absence aux entraînements, attitude négative. Voilà où mène notre laxisme. Dans le passé, si un enfant avait une attitude négative, l'entraîneur voyait à ce qu'elle ne crée justement *pas* de «précédent».

Au lieu de punir les comportements inacceptables, nous récompensons les comportements ordinaires. C'est une grave erreur. Voulons-nous que nos enfants se conduisent bien seulement quand on leur offre de la pizza et des billets pour le match de base-ball?

Dans une école, voici comment les administrateurs s'attaquèrent au problème de discipline dans les corridors. Au lieu de réprimander les enfants indisciplinés, les surveillants décernèrent des certificats aux enfants soumis. À la fin de l'année, on jetait tous les certificats dans un contenant, et, si le vôtre était choisi, vous gagniez un prix.

De plus en plus, nous soudoyons nos enfants pour qu'ils agissent bien au lieu de les punir quand ils violent nos normes. Il est plus facile de sourire et de distribuer des babioles que de risquer d'être impopulaires en faisant preuve de fermeté.

Nous, parents, ne faisons guère mieux que ces administrateurs. Serions-nous aux prises avec ces problèmes aujourd'hui si nous étions sévères et conséquents avec nous-mêmes? Ferions-nous face à l'irrespect que nous témoignent parfois nos enfants, à leur comportement négatif à l'égard des autres, à leur médiocrité et à leur manque de respect pour la vie?

Un p.-d.g. d'une grande compagnie, qui dirige des centaines de personnes chaque jour, est tout à fait incapable d'amener sa fille à respecter ses heures de rentrée. L'homme de main qui fait tout le sale boulot de son patron ne peut se résoudre à retirer son jouet à son fils désobéissant.

Pourquoi avons-nous tant besoin d'être les amis de nos enfants? Ce n'est pas parce que nous sommes leurs parents que nos enfants nous voient automatiquement comme leurs amis. Si nous voulons être aimés, nous devrions faire l'aumône aux passants, mais nous ne devrions pas nous attendre à nouer une amitié avec nos enfants. C'est comme le vinaigre et l'huile, comme le jour et la nuit. Dès l'instant où nous nous soucions déraisonnablement de savoir si nos enfants nous aiment, nous sommes entre leurs mains.

Vous souvenez-vous du directeur adjoint de l'école secondaire? Si les fauteurs de troubles l'aimaient bien, c'est qu'il ne faisait pas son boulot. Il était payé pour être sévère, pas pour être sympathique.

Dernièrement, alors qu'il était hospitalisé, mon fils devait, pour hâter sa guérison, inspirer profondément dans un tube afin de dégager ses poumons. Il aimait beaucoup l'infirmière qui ne l'obligeait pas à inspirer à fond souvent et détestait particulièrement une infirmière plus exigeante qu'il appelait le «tyran». Quelle infirmière était la meilleure? C'est simple: la plus sévère. Elle aimait assez mon fils pour accepter qu'il ne l'aime pas beaucoup. Cela est aussi vrai pour l'éducation des enfants.

Nous prenons même la peine d'excuser les écarts de conduite de nos enfants. Nous disons que «c'est une période difficile pour eux». Cela est certes vrai, mais en disant cela à nos enfants, ne leur donnons-nous pas la permission de mal se conduire et de citer leur environnement comme excuse? Ne devrions-nous pas *justement* nous montrer plus conséquents avec nos principes et plus intransigeants avec nos enfants?

Les familles monoparentales se heurtent à des problèmes de discipline particuliers, et cela est compréhensible. Quand un mari et une femme vivent tous deux dans la même maison, chacun peut soutenir l'autre sur le plan émotif. Si maman se fâche contre les enfants, ce n'est pas grave, papa est là pour la seconder.

Malheureusement, bien des mères seules qui travaillent sont si peu gâtées par la vie que leurs enfants constituent leur seul univers. Il est difficile de sévir quand on n'a personne sur qui s'appuyer. Et même si un parent divorcé se remarie, la discipline demeure négligée, car le beau-père ou la belle-mère répugne en général à punir les enfants de son conjoint.

L'incident suivant démontre que la discipline a des limites. Un enfant de sept ans avait volé des cartes de base-ball d'une valeur de 25 $ ainsi que plusieurs autres articles. La mère réagit à outrance: elle habilla le garçonnet en cochon, lui lia les mains derrière le dos, l'assit sur un banc devant la maison et lui peignit le visage en bleu. Affublé d'un nez de cochon, l'enfant portait sur la poitrine une pancarte disant: «Je suis un cochon stupide. Tu deviendras laid chaque fois que tu mentiras et voleras.»

La femme fut citée pour violence faite à l'enfant, et il est évident que ses actions n'étaient pas du tout appropriées. Mais tous les parents qui ferment les yeux sur les écarts de conduite de leurs enfants ne sont-ils pas aussi fautifs? Leur incapacité à prendre des mesures disciplinaires n'est-elle pas presque aussi choquante que le comportement de cette femme? Presque aussi dommageable?

Tant que nous ne pourrons pas voir au-delà des larmes de nos enfants et de la déception qui se lit sur leur visage, ni les punir avec fermeté et sans culpabilité, les problèmes de nos jeunes persisteront.

La discipline et les normes peuvent sauver nos enfants. La seule question est de savoir si nous les aimons assez et possédons assez de volonté pour les leur imposer.

RAPPELS

- Une punition un peu trop sévère vaut mieux que pas de punition du tout.
- La popularité est pour les adolescents, pas pour les parents.
- Il est plus que probable que la seconde chance donnée au fauteur de troubles soit la deux centième.
- Notre sympathie devrait d'abord aller à la victime innocente et non au malfaiteur.
- Récompenser un comportement ordinaire incitera les enfants à nous obéir uniquement quand nous les achèterons.
- Le milieu familial d'un enfant peut expliquer son mauvais comportement, mais jamais l'excuser.
- Plus le milieu familial d'un enfant est mauvais, plus l'enfant a besoin d'une discipline ferme et efficace.
- L'enfant indiscipliné et agité reçoit toujours plus d'attention qu'un enfant normal et docile.
- Les criminels devraient sortir de prison parce qu'ils ont purgé leur peine, non parce que les prisons sont surpeuplées.
- «Punition» n'est pas un mot ignoble.
- Le procureur du gouvernement devrait voir son salaire baisser de 100 $ chaque fois qu'il se prête à des tractations avec la défense.

La simplicité avant tout

Personne ne devrait être étonné de constater que nos «enfants de l'abondance» se heurtent à une abondance de problèmes.

Puisque le fait de couvrir nos enfants de biens et d'attention ne les rend pas heureux, nous leur permettons d'agrandir leur domaine à un rythme qu'il faudrait peut-être examiner de plus près. Ne devrions-nous pas précisément ralentir ce rythme afin qu'ils possèdent *moins* de choses et apprécient *davantage* ce qu'ils ont?

Les enfants ont beaucoup plus que le strict nécessaire. Nous entendons parler de fillettes qui possèdent 30 paires de chaussures et mettent des robes à 200 $ pour la rentrée scolaire. Des garçons de 12 ans possèdent toutes les cartes de base-ball jamais imprimées et des raquettes de tennis coûteuses.

Pourquoi n'arrêtons-nous pas de déverser des biens sur nos enfants? Est-il écrit quelque part que les enfants doivent tout avoir, que ceux qui n'ont pas tout sont gênants? Il est clair que nous n'élevons pas des enfants plus heureux pour autant. Pourquoi est-ce si difficile d'essayer quelque chose de nouveau, de modifier notre course, d'expérimenter?

Les enfants de la classe moyenne qui ne possèdent pas tous les objets de luxe qu'ont leurs amis finissent par se voir comme des pauvres et par s'apitoyer sur eux-mêmes. À preuve, cette réaction qu'eut un jour mon propre fils. Notre maison servait de centre de dépôt pour une banque d'aliments, et, à l'occasion, mon fils voyait des gens sonner à la porte et livrer des denrées non périssables.

Au bout d'une semaine, il me demanda soudain: «Est-ce que ces aliments sont pour nous?» Il croyait que, parce que nous n'avions pas d'Atari ni le câble, nous avions droit à cette nourriture.

Que pouvons-nous changer pour que nos enfants n'aient pas besoin de tout avoir, pour qu'ils soient reconnaissants de tout ce qu'ils possèdent dans notre pays de cocagne?

J'ai quelques idées, mais l'éthique matérialiste est tellement puissante dans notre culture que j'hésite presque à vous en faire part. La plupart du temps, ma femme me regarde comme si j'étais cinglé quand je les lui expose, mais, de toute façon, elle me regarde toujours comme cela.

Pourquoi ne pas établir des limites d'âge précises qui donneraient droit à certains privilèges ou biens? Par exemple, les fréquentations pourraient commencer à l'école secondaire. À 12 ans, l'enfant pourrait avoir le droit de commander un menu pour adultes au restaurant. Les enfants de cinq ans auraient droit à deux jouets annoncés à la télévision par année. À 13 ans, ils pourraient commencer à porter des vêtements à la mode. Les enfants devraient contribuer au coût des activités spéciales qui les intéressent.

Évidemment, nous adapterions la liste à nos priorités et à nos valeurs. Peut-être que les jouets ne vous posent pas de problème, mais les vêtements signés, si. Peut-être afficherons-nous des idées larges dans un domaine et de plus traditionnelles dans un autre. Néanmoins, en établissant fermement l'âge qui donne droit à certains privilèges, nous mettrons un terme au harcèlement constant de nos enfants. Qu'ils soient d'accord ou non avec notre calendrier, ils finiront par l'accepter, et notre vie s'en trouvera grandement facilitée.

En outre, comme les benjamins verront leurs aînés recevoir des biens et des privilèges selon un calendrier établi, ils ne les réclameront pas prématurément. Ils prendront conscience qu'il existe des étapes dans l'enfance et qu'ils ne peuvent pas toujours tout avoir.

Imaginez l'excitation et la joie qui les envahiront lorsque le jour décisif arrivera enfin. Ils n'oublieront jamais leur premier menu pour adultes ni leurs premières emplettes en vue d'acheter un pull de marque connue. Nous pouvons faire de notre mieux pour souligner l'occasion et la rendre mémorable, en faire un passage important et significatif sur la route cahoteuse qui mène à l'âge adulte.

Laissons nos enfants payer une partie du coût supplémentaire que représentent les articles de luxe qu'ils désirent. Si Marie sait qu'elle doit payer de sa poche 20 $ pour chaque paire de jeans qui en coûte 80 $, elle en demandera peut-être une paire au lieu de trois. Ou peut-être qu'elle n'en demandera aucune.

Faites en sorte que votre enfant mérite ses achats de luxe. Supposons que votre fils adore jouer au tennis et veut une raquette qui coûte 150 $. Concluez une entente avec lui. Pour chaque heure qu'il passera à lancer des balles de tennis contre le mur au terrain de jeu, vous créditerez son compte de 5 $. Au bout de 30 heures, il aura sa raquette. Comme il n'aime pas s'entraîner, je parie qu'il rejettera votre proposition. Qui sait, peut-être que sa bonne vieille raquette peut encore servir après tout!

Si l'enfant veut un article vraiment spécial, au moins faisons en sorte que cet achat compte pour quelque chose. Oui, l'enfant peut avoir tel jouet, mais celui-ci comptera comme le cadeau de Noël de grand-mère. Oui, je t'achèterai des jeans, mais ce sera ton présent d'anniversaire. Qui sait, si les enfants croient que les biens qu'ils demandent remplacent les cadeaux, peut-être seront-ils moins exigeants.

Prenez l'exemple du cinéma. Dès que les enfants voient un film annoncé pendant une de leurs émissions, ils veulent aussitôt le voir. Ma chère femme prend donc consciencieusement le chemin du cinéma, et cela me rend dingue. Pourquoi payer 8 $ le billet quand on sait que le film sera à l'affiche dans un cinéma à prix modiques quelques mois plus tard? Doit-on toujours satisfaire les désirs des enfants séance tenante?

La plupart de nos enfants ne s'assoient jamais dans les gradins à découvert, car les parents insistent pour leur acheter les meilleures places (de cette façon, ils peuvent distraire les spectateurs mieux nantis). Rien ne me contrarie davantage que d'entendre des enfants se plaindre au sujet de leur place. Ne devraient-ils pas être heureux d'être là tout simplement? Et n'essayez même pas de leur montrer à économiser en stationnant un peu plus loin et en marchant jusqu'au stade. Les jambes du futur champion d'athlétisme ne le supporteraient pas.

Ne pouvons-nous pas demeurer simples en matière de jouets? Est-ce que les jouets les plus gros sont toujours les meilleurs? Dès que le voisin achète la version de luxe, la version originale devient un embarras, et même les enfants qui croulent sous les jouets s'ennuient continuellement.

Dans une petite ville du Connecticut, les bons citoyens ont dépensé huit millions de dollars pour construire une piste de planche à roulettes, et les enfants ne l'utilisent même pas, car ce n'est pas assez «difficile», disent-ils.

Donner des cadeaux exagérés, c'est raccourcir le temps pendant lequel ils captiveront les enfants. Un jour, je fis une gaffe magistrale. En effet, comme mon neveu adore les cartes de base-ball et habite en dehors de la ville, le bon vieux Fred lui en expédia un paquet tous les jours. Bientôt, mon neveu eut plus de cartes qu'il ne pouvait en regarder, et les recevoir par le biais du courrier ne l'amusait plus du tout. Il aurait été plus gentil de lui en expédier un paquet par semaine.

Cette lettre d'un enfant adressée au père Noël jette quelque lumière sur le problème. L'enfant désirait une piste de course pour Noël, mais pas «un foutu truc à deux rails». Il voulait «quelque chose d'excitant». Plus nos enfants veulent de rails, plus ils déraillent.

Dernièrement, un grand magasin lança à l'intention des jeunes enfants un concours dont le prix consistait à se rendre à l'école en limousine le jour de la rentrée. Nos enfants de niveau élémentaire ont-ils vraiment besoin de se promener en limousine?

Laisser nos jeunes parcourir le monde alors qu'ils ont encore la couche aux fesses est aussi autodestructeur. Qu'en est-il de vous-même? Avez-vous visité l'Europe à six ans ou la Jamaïque à quatre? En avez-vous souffert pour autant?

De plus, les séjours en famille dans une destination lointaine ne constituent certes pas une recette de bonheur infaillible. Certaines familles font le tour du monde en se querellant dans chaque ville tandis que d'autres vont passer le week-end dans un motel de la région et ont un plaisir fou. Faisons des voyages exotiques une étape de vie que nos enfants attendront avec plaisir et non un droit acquis pour les bambins.

Soyons stricts avec l'argent. Verser à l'enfant des sommes extravagantes sous forme d'argent de poche lui fait plus de tort que de bien. Nous devons enseigner à nos enfants la valeur de l'argent et leur montrer comment l'épargner.

Si nous projetons des vacances en famille, pourquoi ne pas emmener nos enfants à la banque et faire un dépôt dans un compte spécial? Montrez-leur comment l'argent s'accumule. Vous pouvez faire cela même si le coût des vacances ne constitue pas un fardeau pour votre famille afin justement de montrer aux enfants comment la plupart des gens du vrai monde paient leurs voyages.

Peut-être pouvons-nous leur demander de contribuer chaque mois au fonds commun pour une somme dérisoire. Ils seront fiers d'avoir payé une partie des vacances et les apprécieront peut-être même davantage.

Même les parents financièrement à l'aise devraient encourager leurs enfants à travailler. Confiez-leur de petits travaux en échange de leur argent de poche. S'ils ne tiennent pas parole, nous ne tiendrons pas la nôtre non plus.

Rétribuez-les pour ces petits travaux afin qu'ils apprennent à être fiers de leurs efforts. S'ils désirent un jouet spécial ou veulent s'inscrire à une activité particulière, demandez-leur d'en payer une part. Vous serez peut-être étonnés de constater qu'ils sont moins exigeants quand ils doivent sortir de l'argent de leurs poches.

Conservez à part, autant que possible, les sommes d'argent importantes que reçoivent vos enfants. De nos jours, de nombreux enfants fortunés possèdent des comptes bancaires bien garnis. Peut-être ont-ils hérité d'un grand-parent ou reçu de l'argent à Noël ou à leur anniversaire. Gardez cet argent à part dans un compte spécial, hors de leur portée.

Si nous limitons l'argent que nos enfants gagnent en travaillant, ils y accorderont plus d'importance. Ainsi, s'ils ont économisé 60 $, gagner 10 $ à tondre la pelouse leur paraîtra significatif; en revanche, s'ils en possèdent 2 000, le même travail peut sembler insignifiant et n'entraînera pas la même satisfaction.

Peut-être pouvons-nous faire du bénévolat avec nos enfants dans notre communauté. Lorsqu'ils verront les obstacles et les fardeaux énormes auxquels d'autres personnes doivent se mesurer, leurs propres déceptions ou les rebuffades qu'ils auront essuyées leur paraîtront insignifiantes. Quel dommage que les écoles n'imposent pas cette forme de service aux enfants!

Lisons bien ce merveilleux dicton: «Rien n'est aussi boule-versant qu'un rêve qui devient réalité.» Nos enfants ont besoin de rêver, d'attendre certaines choses avec impatience, d'en espé-rer d'autres. Si, avec les meilleures intentions du monde, nous satisfaisons leurs rêves prématurément, nous les privons d'espoir, d'excitation et d'optimisme sans le vouloir.

Pourquoi insistons-nous pour gâter nos enfants?

Il faut peut-être en chercher la cause dans la taille réduite des familles modernes. Il y a des années, les familles de sept ou huit enfants étaient courantes. Comme les ressources étaient limitées, papa et maman surveillaient étroitement chaque dol-lar. Les enfants se comptaient chanceux lorsque les vêtements de seconde main étaient en bon état. Maintenant les familles sont plus petites, et, comme nous avons de l'argent, nous trou-vons difficile de priver nos enfants de ce qu'ils veulent.

Les parents modernes ne se souviennent de la crise de 1929 que pour en avoir entendu parler dans les livres d'histoire. Comme nous ne sommes pas aussi motivés à épargner notre argent que les parents de cette époque, nous sommes plus sus-ceptibles de le dépenser pour nos enfants.

Bien sûr, nous nous sentons coupables. Bien des mères tra-vaillent de nos jours, soit parce qu'elles en ont besoin, soit parce qu'elles le veulent. Les problèmes sociaux comme le divorce rendent la vie de nos enfants imparfaite. Résultat: bon nombre d'entre nous sont prédisposés à céder aux demandes de leurs jeunes.

La télévision joue certainement un rôle dans tout cela. Elle atteint tellement de foyers à la fois que tout le monde veut la même chose *en même temps*. Et grâce à la publicité en participa-tion avec les fabricants de jouets, les producteurs de céréales, les restaurants-minute et les fabricants de produits divers allant des draps jusqu'aux biberons, le produit à la mode devient *visible* partout où l'on va. Comment espérer que les enfants ne s'y lais-seront pas prendre? Parfois, même les parents se mettent de la partie.

Peut-être sommes-nous incapables de dire non à nos enfants parce que leur rôle dans la famille a changé. Autrefois, nous avions plus d'enfants et la plupart des membres de la famille vivaient dans la même ville. Presque tous les foyers comptaient deux adultes.

Aujourd'hui, les relations sont plus difficiles. Il suffit d'observer la croissance des groupes de soutien. Nous n'avons plus personne à qui parler.

Notre isolement croissant nous fait souvent voir la famille comme une équipe, un «nous» défini par opposition au «eux» d'un monde froid et parfois cruel. Certes, nous devons encore faire preuve de fermeté à l'occasion afin de rappeler aux enfants qui commande, mais c'est comme si parents et enfants formaient une entité affective et se fournissaient mutuellement la force et le soutien qu'ils trouvaient autrefois chez les autres. Nos enfants prennent même parfois la place des amis que nous n'avons plus.

Cela est particulièrement difficile pour les parents seuls. La petite Lise est peut-être le seul contact humain qui peut combler maman ou papa sur le plan affectif. Pourquoi créer une tension en la punissant?

Ce qui est plus important encore, nous nous soucions d'une manière compulsive du bonheur de nos enfants. Nous partageons leur douleur au moindre petit traumatisme. Rationnellement, nous savons que la vie a ses hauts et ses bas, mais sur le plan émotif, nous avons de la difficulté à reconnaître que cette réalité touche aussi nos enfants. Évidemment, des millions de parents négligent leurs jeunes, et il faut condamner cela. Mais faut-il passer à nos enfants tous leurs caprices pour autant?

Les plus inquiets parmi nous tentent même de se donner un statut par le truchement de leurs enfants. Si les enfants sont vêtus à la dernière mode et possèdent la version de luxe de chaque superjouet, c'est sans doute que les parents réussissent bien. Pourquoi ne pas laisser les enfants le signaler?

Bien sûr, la société en général a du mal à exercer la discipline. Nous préférons manifester de la compréhension et de la compassion que punir. Si nous sommes incapables de châtier nos criminels, comment pouvons-nous nous montrer durs envers un être cher et un peu malicieux?

Nous ne pouvons pas continuer de combler nos enfants de cadeaux. Les enfants du voisin ont peut-être des coffres à jouets et des placards plus remplis, mais les enfants non gâtés l'emporteront haut la main sur eux pour tout ce qui est valable et durable.

RAPPELS

- Les enfants qui ont tout n'apprécient rien.
- Le bonheur ne s'achète pas.
- Les parents qui achètent jusqu'à tomber d'épuisement ont des enfants qui achètent jusqu'à ce qu'ils pleurent.
- Les enfants ont besoin d'attendre avec impatience des événements excitants plutôt que de se retourner pour contempler ce qui leur appartient.
- Les gradins à découvert ne sont pas uniquement destinés aux adultes.
- En général, les enfants qui grandissent trop vite ne finissent pas les premiers.
- Élever un enfant aimable est un exploit plus impressionnant qu'élever un champion.

La discipline infructueuse

P arfois, il semble qu'il existe autant d'approches disciplinaires que d'enfants indociles. Corriger ou ne pas corriger, feindre de ne pas voir un problème ou le traiter comme s'il était négligeable: nous nous laissons distraire par ces questions. Nous avons cultivé un style unique et sommes persuadés qu'il est le meilleur.

Le problème, c'est que souvent notre discipline ne donne pas les résultats escomptés. Examinons les diverses approches.

FEINDRE DE NE PAS VOIR LE PROBLÈME

Quand il s'agit de leurs enfants, bien des parents préfèrent simplement prétendre que la mauvaise conduite n'existe pas. Cela reflète peut-être un effondrement des valeurs de notre société. Ces parents voient que leur enfant est en train de dépasser la limite ou perturbe manifestement les autres, mais ils ne semblent pas concernés. Souvent, l'enfant est presque tombé hors du panier d'épicerie, et ses parents n'ont pas l'air de s'en rendre compte.

Certains parents n'interviennent que si *d'autres* adultes remarquent le problème. Au restaurant, ils ne ramènent l'enfant à l'ordre que lorsque le dîneur d'à côté lui a jeté un regard glacial, ou ils ne réprimandent leur casse-cou que lorsque les parents de son camarade interviennent. C'est comme si la société se devait de signaler aux parents les écarts de conduite de leurs rejetons, à défaut de quoi ils n'y voient pas de mal.

LAISSER L'ENFANT APPRENDRE

Dans ce cas-ci, le parent se détache complètement de son rôle disciplinaire et laisse le «marché libre» façonner son enfant. L'enfant apprend à ne pas tricher quand il est pris sur le fait ou à ne pas brutaliser les autres quand il s'en prend à un plus fort que lui.

Cette mentalité de «survie du plus capable» présente quelques lacunes. Qu'arrive-t-il aux enfants doux et dociles dont profite le plus fort? Toutefois, la principale lacune tient au fait que la société n'exerce plus la discipline, elle non plus. L'enfant qui se bagarre à l'école reçoit au mieux une taloche et n'encourt aucune punition significative.

Si nous comptons sur la société pour exercer la discipline à notre place, nous devrions tous nous réveiller et voir quel chaos il y règne.

RÉPÉTER «NE FAIS PAS ÇA!»

Connaissez-vous des parents qui font cela? Ils ne punissent *jamais*, mais parlent beaucoup. Ils ont même l'air sévère. Si vous étiez plus bête, vous les croiriez autoritaires. La scène se passe généralement ainsi: une fillette joue dans un carré de sable et lance du sable sur son petit frère. Aussitôt, notre parent responsable, efficace, se lève de son banc et ordonne à sa fille de ne pas faire ça.

Huit secondes plus tard, la fillette recommence, et papa réitère son avertissement: «Je t'ai dit de ne pas faire ça.» Il parle très lentement, sur un ton bien senti, avec de profondes inflexions dans la voix.

Le père obtient alors 12 secondes de paix avant que sa fillette ne s'y remette. Il se précipite vers elle, car le petit a du sable jusqu'à la poitrine et semble au bord de la panique. Il crie: «Je t'ai dit de ne pas faire ça. Combien de fois dois-je le répéter?»

La scène se poursuit sur ce mode tout l'après-midi. Papa ne punit pas sa fille désobéissante, mais se contente de répéter qu'elle ne doit pas faire ça. En théorie, il croit aux punitions, mais quand la situation l'exige, il ne peut se résoudre à «le faire».

RAISONNER AVEC L'ENFANT

De nombreux parents trouvent les punitions grossières et préfèrent enseigner à leurs petits Freud les implications philosophiques et psychologiques de leurs actes. Bien sûr, le fait que l'enfant ait deux ans et demi ne compte pas.

Ces parents posent beaucoup de questions à leurs enfants. Pourquoi ont-ils fait cela? À quoi pensaient-ils alors? Que ressent l'autre d'après eux? Que signifie leur comportement? Aimeraient-ils qu'on les traite de cette façon?

Cela peut être acceptable pour commencer, mais si le comportement négatif se reproduit, ne vaudrait-il pas mieux agir au lieu de parler?

ÊTRE UN AMI POUR SON ENFANT

Ce phénomène est une maladie, une épidémie. Les parents essaient d'être amis avec leurs enfants tout en sachant fort bien qu'ils n'agissent pas comme ils devraient. Cela ne fait que rendre l'exercice d'une discipline efficace encore plus difficile. Étions-nous amis avec nos propres parents? Aurions-nous voulu l'être?

Cela ne veut pas dire que nous voulons être l'ennemi de nos enfants. Nous avons besoin de faire les clowns, de nous respecter mutuellement et d'apprécier notre compagnie réciproque. C'est l'une des joies de l'état de parent. Mais il faut toujours reconnaître qu'il ne s'agit pas d'une relation entre véritables égaux et que, en fin de compte, c'est le parent qui commande.

MENACER DE PUNIR,
MAIS NE PAS METTRE SES MENACES À EXÉCUTION

Certains parents parmi les plus ardents défenseurs de la discipline excellent dans cet art. Ils ont l'air d'avoir la situation bien en main, mais leurs enfants posent les plus graves problèmes de discipline.

Voici que l'aîné d'un tel parent lève la main sur un ami. Notre parent jusqu'ici impitoyable dit à Martin: «Arrête. Ton ami n'aime pas cela!»

Bien sûr, Martin continue. Alors «l'homme de la maison» se fait entendre: «Martin, tu ferais mieux d'arrêter. Tu vas y goûter si tu continues!»

Sans se laisser démonter, Martin assène un *uppercut* impressionnant à son ami, et le père intervient de nouveau. «Martin, tu auras une punition sévère. Tu ne voudrais pas que je me fâche, n'est-ce pas?»

Martin récidive. «Tu ne perds rien pour attendre!», de menacer son père.

Malheureusement, le père n'indique jamais clairement à Martin quelle punition l'attend s'il continue de mal se conduire. Papa a souvent proféré des menaces dans le passé, mais il ne les a jamais mises à exécution. Pourquoi Martin devrait-il penser que les choses sont différentes cette fois-ci?

Souvent, le parent promet de vagues punitions pour plus tard. «Attends que je revienne du magasin, jeune homme, tu vas y goûter.» «Attends que je rentre à la maison. Ça va barder.» Dans la réalité, papa revient du magasin et allume la télévision, oubliant sa punition, ou l'enfant s'endort dans la voiture et, le lendemain, tout est oublié.

UTILISER LA SITUATION FAMILIALE COMME EXCUSE

Avec quelle rapidité sommes-nous devenus experts dans ce domaine! Si Laurent a des ennuis à l'école, pas de problème, il suffit de blâmer le divorce. Et peu importe à quel moment celui-ci s'est produit. Si l'enfant était indiscipliné avant, c'est qu'il «souffrait à l'avance» de l'événement. S'il est insoumis après, il a du mal à s'y «adapter».

Nous parlons tellement des répercussions négatives du divorce et d'autres difficultés familiales que j'ai parfois l'impression que nous créons des prédictions autodéterminantes. Souvent, les conseillers scolaires, soucieux de se montrer utiles, se jettent sur ces événements familiaux pour excuser le comportement des enfants. Les enfants deviennent «des enfants du divorce» même si cet événement n'est pas la cause première de leur indocilité.

Nous, les parents, avons souvent tendance à couver nos enfants durant ces périodes et à excuser leurs écarts de conduite sous prétexte qu'«ils traversent un moment difficile». Peut-être nous sentons-nous coupables parce que la vie de nos enfants n'est pas un jardin de roses.

Or n'est-ce pas à des moments de vulnérabilité comme ceux-là qu'il faut appliquer la discipline et les normes avec le plus de rigueur? Assurément, communiquez avec vos enfants, parlez de leurs sentiments, songez à adhérer à un groupe de soutien; mais dites-leur aussi que vous ne tolérerez pas qu'ils se conduisent mal.

CULPABILISER L'ENFANT

Ne manifestons-nous pas tous une propension excessive à nous culpabiliser? Certains parents se spécialisent dans ce type d'approche. Ils n'enlèvent rien à l'enfant, mais le culpabilisent.

Ils posent un tas de questions rhétoriques: «Est-ce ainsi que tu te comportes?» «Comment as-tu pu me faire ça?» «Je ne pensais pas que tu étais comme ça!»

C'est une pente dangereuse, car l'enfant risque de se percevoir vraiment comme l'être abject que vous lui décrivez. Et cela ne fera qu'empirer sa conduite.

CRIER ET TEMPÊTER

Bien des parents semblent croire que l'hystérie encourage les enfants à bien se conduire. Nous avons tous eu le «plaisir» de voir des personnes de nature forte et silencieuse exploser devant leurs enfants.

Tout d'abord, leur visage s'empourpre et leurs veines se gonflent. Ensuite, elles perdent toute maîtrise d'elles-mêmes et tiennent des propos qui dépassent leur pensée. Heureusement pour leur pression sanguine, ces parents ne se mettent pas facilement en colère et n'explosent qu'à l'occasion.

Ce comportement ne changera pas l'enfant insoumis. D'abord, il a sans doute apprécié votre petit spectacle. Peut-être a-t-il parié avec son frère sur le nombre de veines de votre visage qui allaient saillir. Votre accès de colère lui fait peut-être très plaisir et témoigne de son influence en tant que personne. Peut-être vous a-t-il aiguillonné simplement pour obtenir de vous la réaction que vous croyez qu'il craint.

Le danger, c'est que vous risquez de frapper l'enfant malgré vous ou de prononcer des paroles blessantes qui pourraient rester à jamais gravées dans sa mémoire. Les enfants ne devraient pas voir leurs parents sortir de leurs gonds si cela peut être évité. Bien sûr, nous sommes humains et ne sommes pas toujours bien disposés, mais un adulte en colère peut être très effrayant à voir pour un jeune.

En outre, on ne peut pas crier n'importe où et, comme les explosions de colère ne sont appréciées ni dans un cinéma ni au restaurant, cette forme de discipline ne convient pas à toutes les situations.

DIRE QUE C'EST SEULEMENT UNE PHASE

N'est-ce pas formidable? Il n'y a aucune raison de punir l'enfant; le problème disparaîtra avec les années. Tant pis si le monde et ses enfants doivent souffrir entre-temps!

Les adeptes de cette formule ne se tracassent nullement pour ceux qui font les frais des écarts de conduite de l'enfant pendant qu'il «mûrit». Et qui dit qu'au sortir d'une phase, l'enfant n'entrera pas dans une autre phase aussi horrible? Logiquement, nous devrons feindre de ne pas remarquer son comportement à ce moment-là non plus.

BLÂMER LA SOURCE DE LA CRITIQUE

De nombreux parents se mettent sur la défensive quand ils apprennent que leur enfant s'est mal conduit. Vous rappelez-vous le bon vieux temps où nous nous rangions d'emblée du côté du *professeur?* Ce temps est révolu. Maintenant nous accordons autant de temps (et de crédibilité) à l'enfant. Et plus souvent qu'autrement, nous adoptons sa version à lui, tout en nous demandant pourquoi ce professeur «partial» a une dent contre notre petit ange.

ENVOYER L'ENFANT DANS SA CHAMBRE

Autrefois, ce petit exercice était loin d'être mauvais. L'enfant dormait ou écoutait la radio (s'il avait la chance d'en avoir une dans sa chambre). Aujourd'hui, les chambres d'enfant sont des lieux de divertissement équipés de chaînes stéréo, de télévisions et de jeux vidéo. Quelle punition y trouverait-on?

Si vous voulez envoyer votre enfant dans sa chambre, assurez-vous de couper le courant. Sinon, pourquoi ne pas l'emmener tout simplement dans une salle de jeux vidéo et appeler cela une récompense?

CORRIGER L'ENFANT

Sauf dans des circonstances spéciales, corriger n'est pas une solution. Bien sûr, comme c'est une punition précise, on pourrait dire que cela vaut mieux que de feindre d'ignorer un problème. Mais la correction a ses limites.

Ainsi, on ne peut l'employer qu'à la maison. En effet, il est difficile de corriger un enfant au cirque ou dans un stade bondé. En outre, que faites-vous quand l'enfant est trop vieux pour recevoir une raclée?

Que dire du danger d'y aller trop fort? Étant donné la violence qui existe dans notre société, voulons-nous vraiment frapper notre propre chair et notre propre sang? Je sais que nous le faisons par amour, mais est-ce là le meilleur exemple que nous pouvons donner à nos enfants? Si nous pouvions trouver une méthode aussi efficace, ne serait-ce pas préférable? Et il y a toujours le risque que la personne qui administre la raclée sorte de ses gonds et frappe beaucoup plus vigoureusement qu'elle ne le voulait.

En outre — et c'est un détail à ne pas négliger —, on n'arrive à rien en frappant un enfant. Chacun connaît des enfants qui reçoivent sans cesse des volées. Bien sûr, cela leur fait un peu mal, mais ne les prive pas de ce qu'ils veulent vraiment.

PUNIR, MAIS CÉDER DEVANT LES LARMES

Certains parents sont parfaits sauf qu'ils ne vont pas jusqu'au bout de leurs punitions. Si un enfant se conduit mal, le parent le prévient que son comportement doit changer sinon il sera puni. Lorsque l'enfant recommence, le parent nomme la punition. Jusque-là tout va bien, mais c'est après que les choses se gâtent.

L'enfant pleure ou pique une crise et jure qu'il ne recommencera pas. Chose incroyable, le parent en apparence déterminé se rétracte. Il annule la punition, renforçant ainsi le comportement négatif de l'enfant.

Nous tentons de masquer notre capitulation en disant à l'enfant que nous lui accordons «une autre chance», mais il n'est pas bête. Il a de nouveau gagné. Nous ne pouvons tout bonnement pas supporter de voir notre enfant pleurer.

Chose étrange, beaucoup d'entre nous affichent une attitude tout autre au travail. Nous surveillons nos subalternes avec une précision toute militaire et, si quelqu'un sort des rangs, nous sévissons aussitôt. «C'est ce qui garde les employés alertes», disons-nous. Pourtant, nous sommes incapables d'agir ainsi à la maison.

Beaucoup de nos enfants ne purgent jamais une peine *complète*. Si nous les envoyons dans leur chambre une heure, nous le regrettons après douze minutes. Ou encore le fils du voisin sonne et demande à jouer avec lui. Nous allons toujours dans le sens du plaisir de l'enfant, même si la déception de ne pas pouvoir jouer lui rendrait un bien meilleur service.

SÉVIR, MAIS NE JAMAIS PRIVER L'ENFANT DE QUELQUE CHOSE D'IMPORTANT

Certains parents n'ôtent à leur enfant que des choses mineures sans jamais menacer ce qu'il aime vraiment. Seules les menaces visant des objets que l'enfant chérit provoqueront des changements permanents dans son comportement.

Votre enfant adore le câble? Dites-lui qu'au prochain écart de conduite, vous ferez débrancher le câble pour deux mois et qu'il devra payer les frais de réinstallation. Ou privez-le de son match de Petite Ligue. Si votre enfant n'aime pas vos punitions, il risque de vous surprendre et de bien se conduire.

PUNIR SEULEMENT DANS LA MESURE OÙ CELA NOUS CONVIENT

Que d'occasions nous laissons passer quand notre propre confort nous empêche de donner une bonne leçon à notre enfant! Si, au beau milieu d'un repas au restaurant, Jojo gâche notre plaisir et celui de tous les autres dîneurs, menacez-le de le ramener à la maison s'il persiste à mal se conduire. Et tenez parole. Certes, il criera comme un porc qu'on égorge, mais après?

Malgré toutes nos menaces, bien des enfants ne sont *jamais* privés d'un événement en raison de leur mauvaise conduite. Jamais. Ne devrions-nous pas le faire au moins une fois, simplement pour leur montrer qu'il nous arrive de ne pas plaisanter?

Vous pouvez même monter le coup quand votre confort n'est pas en jeu. Si votre enfant se comporte toujours très mal au restaurant, arrêtez-vous dans un restaurant à un moment où vous n'avez pas l'intention de manger. Commandez un mets peu coûteux et énoncez les punitions qu'entraînera tout écart de conduite. Si l'enfant se conduit mal, hop! emmenez-le à la maison. Cela pourrait lui apprendre à bien se tenir au restaurant pour le restant de ses jours.

AFFIRMER QUE L'ENFANT EST INDISCIPLINABLE

Des millions de gens ont déjà déclaré forfait pour ce qui est de dominer leurs enfants. Au lieu de tenter de renverser la vapeur, ils affirment que leur enfant «ne peut pas» être discipliné. En fait, il est devenu acceptable et de bon ton pour les parents de reconnaître ce fait, comme s'ils se vantaient secrètement de «l'esprit libre» de leur enfant.

La société n'atteindra jamais l'excellence tant que nous serons incapables d'imposer une discipline efficace à nos enfants. C'est le sujet que nous aborderons au chapitre suivant.

RAPPELS

- La discipline sans punition n'est pas de la discipline.
- Les bons parents sévissent avant que le regard des autres ne les informe que c'est nécessaire.
- Une punition efficace est plus valable que 22 sermons.
- Menacer de punir sans tenir parole menace le bien-être de nos enfants.
- Mieux vaut ne pas menacer de punir que de ne pas infliger la punition promise.

Une discipline efficace

Comme des millions d'enfants désobéissent constamment, ne se respectent pas et ne respectent pas les autres, par où aborder la tâche immense qui consiste à reprendre le dessus sur eux?

Croyez-le ou non, ce n'est pas difficile, il suffit de suivre quelques étapes. La question n'est pas tant de savoir s'il faut adopter une nouvelle approche que de décider si nous avons l'amour et la volonté nécessaires pour l'imposer. Car nous *pouvons* reprendre nos enfants en main, mais tout dépend de nous.

Le mode de discipline présenté ici est fondé sur plusieurs croyances et présomptions fondamentales. Si l'une d'entre elles est absente, les méthodes proposées ne produiront pas les résultats espérés.

NOS MAISONS DEVRAIENT ÊTRE DIRIGÉES PAR LES PARENTS, ET NON PAR LES ENFANTS

Je sais que cela semble ridicule. Bien sûr que nos maisons sont dirigées par des adultes! En fait, c'était vrai autrefois, mais ce n'est plus vraiment le cas aujourd'hui.

De nos jours, bien des enfants sont traités presque comme des égaux et possèdent des droits et des privilèges qui surpassent ceux des générations précédentes. De nombreux parents ont peur de leurs enfants, et ceux-ci dominent souvent la mai-sonnée tout entière.

Regardons ce qui se passe dans bien des foyers. On consulte les enfants à propos de tout. Devrions-nous aller chez grand-mère aujourd'hui? Pouvons-nous aller acheter des vête-ments samedi? Nous planifions nos activités en fonction de l'horaire des enfants et en fonction du nôtre. Pas question que les jeunes manquent un match de soccer, même si nous devons nous absenter du travail ou annuler un rendez-vous avec un ami pour les y conduire.

Les maisons ne sont pas censées abriter des démocraties. Les parents y sont à la fois les présidents, les sénateurs et les maires. Certes, nous ne sommes pas des dictateurs, et nos enfants devraient sentir qu'ils peuvent aborder n'importe quel sujet avec nous en tout temps. Mais la discipline est *notre* responsabilité, et c'est à *nous* d'établir les lignes de conduite dans notre maison.

IL EST BIEN DE SÉVIR

Les parents qui craignent de retirer des privilèges à leurs enfants devraient arrêter leur lecture ici. Ils ne seront jamais les partisans d'une forte discipline, car ils sont trop «gentils». Ils devraient se résoudre à mener une vie marquée par le chaos et les affrontements, et ne pas s'en plaindre, car ils sont en partie responsables de cette situation.

Comment une discipline peut-elle être efficace si le parent ne punit pas l'enfant qui se conduit mal? Les enfants ne possèdent pas un besoin inné de discipline. C'est de nous qu'ils appren-nent à distinguer le bien du mal.

Qu'en est-il de nous? Si nous conduisons trop vite et attra-pons une contravention, cela porte un coup à notre portefeuille et menace nos privilèges de conducteur. La sanction nous empêche de mal agir. Si l'agent de police se contentait de nous sermonner chaque fois, nous ferions fi de ses avertissements. Pourtant nous «sermonnons» sans cesse nos enfants quand c'est une bonne punition qu'il leur faut.

Bien que je propose un mode de discipline duquel les raclées sont pratiquement absentes, certains parents pourraient quand même m'accuser de cruauté. «Comment pouvons-nous priver nos enfants de choses importantes?» demanderont-ils. Ce à quoi je répondrai: «Comment exercer une discipline efficace sans cela?»

LES ENFANTS RESPECTENT LA SÉVÉRITÉ

Pensez-vous que nos enfants aiment vivre dans le chaos? L'enfant récalcitrant est secrètement jaloux des mesures disciplinaires dont les autres gosses se plaignent. Il changerait volontiers de place avec eux.

Certes, aucun enfant ne viendra nous dire cela, mais chaque fois que nous punissons efficacement, nous manifestons notre amour et notre affection. Les enfants le savent bien, même à un niveau inconscient. C'est ainsi que les choses doivent être: les parents punissent, les enfants se plaignent.

Chose ironique, c'est quand nous ne les punissons *pas* que les jeunes remettent en question notre amour.

Si nous écoutons des adolescents critiquer leurs parents, nous verrons ce concept à l'œuvre. Ils ont tous «les vieux les plus sévères du monde». Ils se plaignent de leurs parents, mais au fond, en avouant haut et fort la sévérité de leurs parents, et même en l'exagérant, ils se vantent d'être aimés.

Et si nos gosses détestaient le plan proposé ici? Qui a dit que leur opinion comptait? Ce qui compte, c'est de savoir si la méthode est efficace, pas ce que les enfants en pensent. Pourquoi devrions-nous espérer que nos enfants apprécient une discipline rigoureuse? De toute façon, même si cela leur plaisait, ils ne le diraient pas.

Si nous possédons la volonté d'exercer une ferme discipline, quelques étapes simples nous permettront de reprendre nos foyers et notre vie en main.

INFORMEZ VOTRE ENFANT
DES PUNITIONS QUI L'ATTENDENT

Nous omettons souvent de le faire. Incroyable. Nous disons à l'enfant comment agir, sans énoncer clairement les punitions auxquelles il s'expose en désobéissant. Nous l'ennuyons avec des exposés philosophiques destinés à lui expliquer pourquoi ses actions sont mauvaises, ce qui, en général, s'avère inutile. Si nous nous contentons d'énoncer les conséquences de telle action, il comprendra qu'elle est défendue et saura presque intuitivement pourquoi.

Il faut être très précis quand nous parlons de punitions. Avant de passer aux actes, prenez un moment pour trouver diverses sanctions plus ou moins sévères.

Si votre enfant vous injurie, dites-lui: «Si tu m'injuries encore une fois, tu manqueras ton match de soccer.» Dites-le exactement comme cela. Qu'il fasse le lien entre l'action inadéquate et la punition. Aucun malentendu ne doit entourer celle-ci. Pour éviter les problèmes, notez les sanctions dans un carnet afin que l'enfant ne puisse pas prétendre qu'il ne connaissait pas votre position. Peut-être pouvez-vous les parapher tous deux?

Dans la mesure du possible, annoncez à votre enfant quelles punitions l'attendent bien avant que le comportement négatif puisse se produire. Ne vous inquiétez pas, cela n'est pas une preuve que vous n'avez pas confiance en lui. Cela montre seulement que vous voulez lui faire prendre conscience du fait qu'il est toujours responsable de ses actes.

Supposons que votre fils vient de passer son permis de conduire. Souvent, les parents remettent les clés de la voiture à leur enfant en lui enjoignant de ne pas conduire trop vite, puis récitent quelques prières. Pourquoi ne pas l'informer que s'il attrape une contravention, il devra la payer et perdra son permis pour un mois?

Comme sévir est difficile, bien des parents évitent d'aborder des sujets comme celui-là dans l'espoir de ne pas avoir à affronter le problème. Mais si vous n'en parlez *pas*, le comportement que vous craignez est plus susceptible de se produire. Le silence ne le fera pas disparaître.

Le plus important est de préciser quelles punitions les attendent. Les jeunes doivent comprendre que leurs parents ne plaisantent pas en matière de dégradation du comportement.

CHOISISSEZ DES PUNITIONS SIGNIFICATIVES

Ne soyons pas des poules mouillées. Nos enfants ne changeront pas si nous menaçons de les priver de choses auxquelles ils ne tiennent pas. Nous sommes ceux qui connaissent le mieux nos enfants. Identifiez ce qui compte le plus à leurs yeux et commencez par là.

Toutes les punitions ne doivent pas nécessairement être majeures. Les enfants ne mourront pas s'ils sont privés de dessert une fois. L'écriture forcée est un truc efficace (les enfants d'aujourd'hui détestent écrire). Informez les enfants que chaque fois qu'ils diront de gros mots, ils devront écrire «Je ne dirai plus de gros mots» cinquante fois. Cela a l'air terriblement bête, mais faites-le, et les gros mots seront de l'histoire ancienne.

Ou encore prenez-les par le porte-monnaie. Comme les enfants adorent leur argent, les amendes sont très efficaces. Vous pouvez, par exemple, imposer à l'enfant une amende de un dollar par jour s'il n'a pas rangé sa chambre à une heure donnée et laisser marcher le compteur tant qu'il n'a pas terminé. Ou prenez 50 ¢ pour chaque minute où l'enfant arrive en retard à la maison. Pas besoin de crier, contentez-vous de ramasser l'argent.

Les activités sociales sont peut-être la clé. Privez l'enfant d'une danse scolaire ou réduisez ses privilèges téléphoniques. Avancez son heure de rentrée pendant un mois ou gardez-le à la maison pendant une période raisonnable (pas trop longue sinon vous ne tiendrez pas jusqu'au bout).

N'hésitez pas à vous en prendre aux activités sportives. Informez votre enfant que pour chaque bagarre à l'école ou devoir sauté, il manquera une séance d'entraînement au soccer ou même un match. S'il adore les sports, pourquoi ne pas puiser vos punitions dans ce domaine pour le garder sur la bonne voie?

Certains parents s'y objecteront peut-être sous prétexte qu'ils veulent inculquer à leur enfant un sentiment de responsabilité envers son équipe. Très bien, dans ce cas, à lui de faire tous ses devoirs. Mais pourquoi soustraire de notre arsenal disciplinaire les activités que préfèrent un grand nombre de nos enfants? Après tout, si la maladie les obligeait à manquer un match, ils n'en mourraient pas. Et si leurs activités sportives sont menacées, il est plus que probable que notre enfant y participera quand même puisqu'il choisira de bien se conduire.

Il arrive que les entraîneurs de la Ligue nationale de baseball et celle de l'université suspendent un joueur pour mauvaise conduite. Si eux peuvent le faire, pourquoi pas nous?

119

TRAITEZ LES PUNITIONS
COMME UNE PARTIE NORMALE DU RÔLE DE PARENT

Appliquez les punitions d'une manière neutre et non émotive. Évitez de crier, de tempêter ou d'imposer votre sentiment de culpabilité à l'enfant: vous voulez lui apprendre à bien se conduire, non lui faire sentir qu'il n'a pas de valeur. Si la punition est judicieuse, vous faites plus que des milliers de cris pourraient accomplir de toute façon.

Énoncez la punition à votre enfant et finissez-en. Assez parlé. Ce n'est pas une grosse affaire. En fait, au lieu de sentir que vous *imposez* une punition, montrez à l'enfant que c'est lui qui l'a *choisie.* Car c'est vraiment le cas, vous savez. Tant que vous lui expliquez que, s'il se conduit mal, il en subira les conséquences, son sort repose entre ses mains. S'il décide de vous désobéir, c'est *son* choix, et c'est à *lui* d'en supporter les conséquences.

Vous pouvez même intégrer ceci à votre premier exposé: «Michel, si tu ne remercies pas après avoir ouvert chaque cadeau d'anniversaire, tu seras privé de tes jouets pendant deux jours. À toi de décider ce que tu préfères. J'accepterai ton choix quel qu'il soit.»

Ne faites pas comme si son comportement était sans précédent. Les adultes commettent des erreurs, et les enfants aussi sans aucun doute. Dites à votre enfant que vous aussi avez été puni étant enfant et que vous avez mis un certain temps à saisir les normes que préconisaient vos parents. En accordant au châtiment plus d'attention qu'il n'en mérite, vous lui donnez l'allure d'une crise plutôt que d'une étape normale de la croissance.

INFLIGEZ LA PUNITION SUR-LE-CHAMP

Vous devez à tout prix infliger la punition aussitôt que possible après que le comportement indésirable s'est produit. Si vous avez menacé votre enfant de lui retirer son Nintendo s'il manquait de respect à son professeur, tenez parole dès que vous entendrez parler de sa mauvaise conduite.

Et n'en faites pas une montagne. Vous respectez simplement l'entente que vous avez conclue avec l'enfant. Il a fait son choix et doit en supporter les conséquences.

D'où l'importance de préciser d'avance à l'enfant quelle punition l'attend s'il se comporte de telle ou telle façon. Vous avez un plan. Vous pouvez éviter les cris, la culpabilité et l'hystérie, et infliger simplement la sanction annoncée précédemment.

Si votre enfant discute avec vous et jure qu'il n'est pas coupable, ignorez-le. Il est fort probablement dans le tort. S'il vous arrive une fois ou deux de le punir sans raison, ce n'est pas la fin du monde.

Protégez-vous, cependant. Vous pouvez lui dire que vous allez le punir, mais que s'il ne le mérite pas, vous êtes désolé. Ou, si vous soupçonnez qu'il vous dit *peut-être* la vérité, infligez-lui une punition moins sévère. Mais ne vous dégonflez pas. La plupart des enfants clament leur innocence.

Si vous avez l'habitude de ficher la paix à l'enfant en lui accordant «gentiment» une seconde chance, il saura qu'il a affaire à un tigre de papier.

Afin d'éviter cette tentation tout à fait humaine, assurez-vous de lui infliger une punition équitable et réaliste. Si vous la croyez trop sévère, vous risqueriez de céder à la tentation de donner une seconde chance à votre enfant.

N'ALLÉGEZ QUE TRÈS RAREMENT UNE PUNITION

Quelle que soit la punition que vous lui infligez, assurez-vous que l'enfant la respecte jusqu'au bout. S'il est censé manquer son émission favorite, faites-lui manquer l'émission tout entière, pas seulement la moitié. Si vous avez dit «Une semaine sans *Sesame Street*», n'abrégez pas la sanction.

Beaucoup de parents qui se sentent coupables de punir leur enfant lui demandent s'il a bien «appris sa leçon». L'enfant répond automatiquement oui, et le parent lève la sanction. Ne faites pas cela car l'enfant se rendra compte que vous n'allez pas au bout de vos punitions et vous demandera constamment de lever sa peine.

LA COHÉRENCE EST ESSENTIELLE

Ce système ne fonctionnera que si votre enfant sait que vous tenez *toujours* parole. Si vous le punissez la première fois qu'il jure, mais l'ignorez les deuxième et troisième fois, il a gagné, et vous continuerez de vous heurter à sa mauvaise conduite. Ne faites pas de menaces, faites des promesses.

Si l'enfant vous désobéit même après avoir été puni, une alternative s'offre à vous: ou vous baissez les bras et faites semblant de ne pas voir le problème ou vous durcissez la punition. À vous de choisir: ou vous commandez chez vous ou c'est votre enfant qui commande.

PUNISSEZ MÊME SI CELA VOUS DÉRANGE

Si vous voulez que vos enfants se conduisent bien quand ils sortent avec vous, ce point est crucial. Supposons que votre famille rend visite à des amis. Vos enfants se conduisent mal, et vous les prévenez que, s'ils continuent, vous les ramènerez à la maison. Bien sûr, ils recommencent. Toutefois, au lieu de partir, vous leur donnez une autre chance parce que vous préférez rester pour prendre une autre tasse de café.

La *meilleure* leçon que vous pouvez donner à vos enfants, c'est de les punir même quand cela ne vous convient pas. Cela montrera que vous ne plaisantez pas où que vous soyez, et en conséquence, vos enfants se conduiront bien, même hors de la maison.

LES PARENTS DOIVENT S'APPUYER L'UN L'AUTRE

Dans une famille biparentale, le mari et la femme doivent s'entendre sur un programme disciplinaire. Peut-être que l'un des conjoints est un doux et ne supporte pas de priver sa précieuse Lison de quelque chose. Alliez cela à un conjoint qui adore une discipline vigoureuse, et l'enfant recevra des messages contradictoires. Vos efforts sont voués à l'échec.

Il en va de même quand les parents sont divorcés. Même s'ils ne s'entendent pas l'un l'autre, ils devraient autant que possible adopter une attitude disciplinaire cohérente à l'égard des enfants. Il faut à tout prix éviter le syndrome du père Noël, en vertu duquel l'un des parents offre du plaisir et des cadeaux aux enfants tandis que l'autre applique toutes les règles. Les parents qui n'ont pas la garde de leurs enfants doivent comprendre que la voie qui mène au cœur de leurs enfants ne passe pas par un excès de présents ou une absence de discipline. Les enfants ne sont pas bêtes. Bien qu'ils puissent être momentanément séduits par le parent qui cherche à être populaire, à la longue, ils savent très bien lequel des deux parents fait ce qu'il doit faire.

Manifestement, le programme proposé ici ne convient pas à tous les enfants. Vous ne pouvez prévenir un bébé de trois mois de la punition qui l'attend, mais vous seriez étonné de voir avec quelle ingéniosité votre bambin de deux ans évite les punitions.

De même, certains enfants ont dépassé le point où les parents peuvent les aider. Ils sont tellement aigris par leur vie, leur famille et eux-mêmes qu'une aide professionnelle devient nécessaire.

Rappelez-vous qu'il n'existe pas de parents parfaits. Ma femme et moi commettons des tas d'erreurs avec nos enfants, et peut-être en est-il de même pour vous. Nos enfants sont plus gâtés que certains et moins gâtés que d'autres. Chacun souhaite amener ses enfants à s'améliorer sur certains points. Ce qui compte, c'est de ne pas exiger la perfection de soi-même, mais de faire de son mieux. Les réponses ne sont pas toujours évidentes, et douter de soi est humain.

Tout cela ne doit pas nécessairement être négatif. Récompensez largement vos enfants. Si l'orthographe leur pose des problèmes, dites-leur que s'ils obtiennent trois notes parfaites, ils pourront louer un film ou un jeu vidéo.

Ou utilisez comme récompense une chose que vous leur auriez sans doute donnée de toute façon. Dites-leur que s'ils font tous leurs devoirs sans exception, ils pourront s'inscrire à un camp de base-ball. Peut-être aviez-vous l'intention de les y envoyer de toute façon, mais ils n'ont pas besoin de savoir cela. Rappelez-vous que, s'ils ne font pas d'efforts, ils devront accrocher leurs chaussures à crampons.

Plus vous faites de choses amusantes avec vos enfants, mieux c'est. Ne faites pas uniquement que grincer des dents; consacrez du temps à vos enfants pour que leur enfance soit mémorable. Jouez au catch, allez nager, pique-niquer, n'importe quoi. En vous engageant ainsi, vous leur montrez qu'ils comptent pour vous et vous gagnez à leurs yeux le droit d'être autoritaire. Vos enfants comprendront que vos châtiments sont motivés par l'amour plutôt que par la vengeance.

Si vous décidez d'appliquer les idées proposées ici, informez vos enfants qu'un jour nouveau vient de se lever. Faites-les asseoir et expliquez-leur ce qui va se passer. Ne leur demandez pas la permission, car c'est *vous* qui commandez. Vous pourrez peut-être répondre à leurs questions.

Évidemment, vos enfants vous mettront à l'épreuve. Soyez prêt. Le premier défi qu'ils vous lanceront est le plus important. Si vous allez jusqu'au bout de votre punition, vous êtes sur la bonne voie. Si vous flanchez, vous revenez à la case départ.

J'espère que les idées que j'exprime ici aideront vos enfants à mieux se dominer. Trop de gens dans notre société ne sont pas responsables de leurs actes. En disciplinant efficacement nos enfants, nous aurons des maisons plus paisibles et donnerons à nos enfants une meilleure chance d'être heureux et de réussir.

RAPPELS

- Si nos enfants ne sont pas contrariés à l'occasion par les châtiments que nous leur infligeons, nous devrions durcir ceux-ci.
- Les parents qui ne s'entendent pas du tout sur la question de la discipline auront des enfants indisciplinés.
- Les maisons n'abritent pas des démocraties.
- Plus une punition est sévère, moins il est probable que les parents auront à l'infliger.
- Tous les enfants veulent de la discipline, qu'ils l'avouent ou non.
- Nous n'imposons pas de punitions; nos enfants les choisissent.
- Les parents efficaces accordent rarement de secondes chances.
- Plus nous avons du plaisir avec nos enfants, moins ils se conduisent mal.
- Une discipline efficace fait autant partie de l'amour que les baisers et les étreintes.

Mises en application

Introduction

Les trois chapitres qui suivent traitent de la mise en application des idées exposées précédemment. Chacun se rapporte aux enfants d'un groupe d'âge précis. Veuillez les lire tous les trois. Le problème auquel vous vous heurtez est peut-être traité dans une autre partie que celle à laquelle vous pensez. Faites de même si vous recherchez une sanction parmi celles dont je parle: vous aurez de meilleures chances d'en trouver une qui convient à votre approche disciplinaire.

C'est notre travail en tant que parents et grands-parents de décider quelles sanctions et récompenses nous choisirons et quand nous nous en servirons. Tous les enfants sont différents, de même que tous les parents. Aussi devez-vous adapter ces concepts à vos propres besoins. C'est vous qui connaissez le mieux vos enfants.

S'agit-il de solutions définitives? Bien sûr que non. Les exemples sont destinés à vous guider et à illustrer des façons possibles de faire régner la paix dans votre maison.

Mise en application:
de la naissance à cinq ans

Il est évident que les nouveau-nés peuvent difficilement se conformer à nos désirs. Les bébés sont tout à fait dépendants et ne peuvent pas vraiment maîtriser leur comportement. Pourtant, à un an et demi ou à deux ans, les enfants comprennent très bien la notion de punition, et on peut les tenir pour responsables de leurs actes.

Nos jeunes ont souvent l'air innocent, mais ils sont beaucoup plus intelligents (et sournois) que nous voulons le croire. C'est pourquoi il ne faut pas repousser l'exercice de la discipline jusqu'à un âge décidé arbitrairement. Nous devons commencer à appliquer nos normes dès l'instant où nous croyons que nos enfants peuvent raisonnablement comprendre les conséquences de leurs actes.

«Mon enfant ne remercie jamais quand il reçoit un présent.»

Parmi les obligations les plus importantes qui nous incombent à nous, parents, se trouve celle de transformer nos enfants en adultes prévenants et respectueux. Ne laissez pas votre enfant s'en tirer sans remercier.

Prévenez-le que, s'il ne remercie pas la personne qui lui offre un présent, vous lui retirerez celui-ci pour deux jours. Et ne cédez pas. Au bout de deux jours, il aura appris sa leçon. Sinon, répétez la punition à la prochaine occasion. Rappelez-vous que, quoi qu'ils disent, les grands-parents aiment qu'on les remercie de leurs présents.

Faites de même pour l'horrible «J'en ai déjà un» que marmonnent souvent les enfants en déballant un cadeau. Dites-lui quelle punition l'attend et expliquez-lui pourquoi ce comportement n'est pas approprié. S'il persiste, persistez dans votre punition.

«Mon enfant mord les autres enfants.»

Ici encore, vous devez agir. Ne vous contentez pas de dire à votre fille qu'il est vilain de mordre, mais expliquez-lui précisément ce qui se passera si elle recommence. Soyez sévère.

Que diriez-vous de la priver de télévision pendant une semaine? Ou de sa poupée favorite pendant deux semaines? Ou encore donnez-lui cinq tapes sur la main si elle mord quelqu'un, et dites-lui qu'elle recevra cinq autres tapes chaque fois qu'elle agira ainsi.

Choisissez ce qui est le plus susceptible de l'inciter à couper court à cette habitude dangereuse, et rappelez-lui toujours quelle punition l'attend avant de l'envoyer jouer avec d'autres enfants. Au bout d'un court moment, elle aura très bien compris.

«J'ai de la difficulté à sortir mon enfant du lit le matin, et l'habiller est ennuyeux.»

Chaque enfant possède une horloge interne différente, mais si cela vous dérange, prenez les choses en main. Si la mère doit se rendre au travail le matin, les problèmes de ce type sont particulièrement embêtants.

Essayez un compte à rebours à partir de 20. Dites à votre enfant que, s'il n'est pas levé à 0, il sera puni. Ou jouez au jeu suivant. Donnez-lui jusqu'à 20 pour se lever, mais accordez-lui un «point» pour chaque seconde qu'il restait s'il se lève avant 20. Quand il aura accumulé 50 points, il méritera une récompense.

S'il ne collabore pas pendant que vous l'habillez, quittez sa chambre si vous avez du temps. En fait, s'il n'a pas besoin de s'habiller ce jour-là, laissez-le en pyjama, et que cela soit sa «punition». Ou privez-le de petit déjeuner. Il n'en mourra pas. Cela ne vaut-il pas mieux que de commencer chaque journée dans la tension et les cris?

«Mon enfant pleure toutes les larmes de son corps quand je le punis.»

Qu'attendez-vous? des applaudissements? Cela peut paraître cruel, mais les enfants ne possèdent pas un droit inaliénable aux crises de larmes prolongées. Bien sûr, si votre enfant fait des cauchemars ou a une bonne raison de pleurer, ne l'en empêchez pas. Mais beaucoup d'enfants ne pleurent que pour l'effet. Ils savent que les pleurs versés dans un restaurant bondé transforment les adultes en pâtes molles et qu'ils auront droit à une seconde chance.

Si vous pensez que votre enfant pleure pour produire un effet, dites-lui de cesser. S'il continue, dites-lui que s'il n'arrête pas, vous doublerez sa punition. Croyez-le ou non, cela fonctionne, ce qui prouve sans doute qu'il pleurait uniquement pour l'effet.

Il se peut qu'une ou deux fois en cinq ans vous preniez la mauvaise décision et tarissiez ses larmes de façon prématurée. Vous pouvez soit en perdre le sommeil, soit vous rappeler que vous êtes un excellent parent la plupart du temps et que vous n'avez jamais promis à votre enfant que vous seriez parfait. Et comme les crises de larmes deviendront de plus en plus rares, vous deviendrez un parent encore meilleur.

«Mon enfant injurie les autres enfants.»

Ce problème est assez courant et vraisemblablement facile à résoudre. Ne le sermonnez pas chaque fois en lui disant à quel point il est cruel de traiter un enfant obèse de «gros lard». Privez-le de quelque chose. Si la punition est appropriée, il perdra très vite cette vilaine habitude.

«Mon enfant est une vraie peste dans les fêtes d'anniversaire.»

Privez-le d'une de ces fêtes; il survivra. S'il était malade et incapable d'y assister, la vie continuerait quand même.

Dites à votre enfant que s'il est méchant, vous le ramènerez à la maison. Ne vous souciez pas de le mettre dans l'embarras. S'il vous désobéit, mettez votre menace à exécution.

Ne vous inquiétez pas du fait que l'enfant fêté puisse être triste de voir son ami partir tôt. Il l'oubliera dès l'apparition du gâteau d'anniversaire.

«Mon enfant s'élance toujours à l'aveuglette dans la rue.»

Voilà un cas sérieux. Votre enfant pourrait être gravement blessé. Aussi, rien n'est-il plus important. Oubliez les sermons sur la sécurité des piétons et frappez votre enfant sur la main autant de fois qu'il est nécessaire pour qu'il comprenne.

Vous pouvez renforcer cette correction en y ajoutant d'autres sanctions. Dites à votre enfant qu'il sera privé de télévision pendant une semaine ou annulez une visite spéciale chez grand-mère. Si vous n'êtes sévère que dans un cas, que ce soit celui-ci.

«Mon enfant m'interrompt constamment quand je suis au téléphone.»

Votre enfant peut apprendre facilement que cela n'est pas bien. Punissez-le chaque fois que cela se produit.

Laissez l'enfant s'asseoir calmement près du téléphone pendant que vous conversez afin de vous assurer qu'il comprend ce qu'il doit faire.

Vous pouvez transformer tout cela en jeu. Dites-lui que pour chaque appel qu'il n'interrompt pas, il méritera deux points. Quand il aura accumulé 24 points, donnez-lui une récompense. Tenez le compte des points sur le réfrigérateur afin qu'il puisse voir à quelle distance de la récompense il se trouve. Recommencez le compte à zéro chaque fois qu'il vous interrompt.

En peu de temps, il apprendra à se comporter correctement et oubliera le jeu.

«Mon enfant ne joue pas avec ses nouveaux jouets.»

La plupart des enfants sont comme cela, sauf quand un ami veut jouer avec ce jouet. Obligez votre enfant à jouer avec tous les nouveaux jouets qu'il a demandés. Quelle meilleure façon de lui faire comprendre qu'il assume une responsabilité quand il demande un jouet?

«Mon enfant veut décider lui-même de ce qu'il portera.»

C'est bien dommage pour le cher petit, mais c'est vous qui commandez, pas lui.

Dites-lui ce qu'il en est et habillez-le. S'il proteste, tant pis. Retirez-lui un vêtement s'il refuse de collaborer, ou proposez-lui un compromis. Deux jours par semaine, il choisit ses vêtements, les cinq autres jours, c'est vous qui les choisissez. Si vous laissez un bambin vous imposer sa garde-robe, vous vous préparez à affronter d'horribles problèmes avec la mode plus tard.

«Mon enfant refuse de partager.»

Les enfants ne veulent jamais partager, et bien des adultes ne délirent pas de joie à cette idée non plus.

Vous pouvez lui dire que chaque fois qu'il partagera quelque chose, il aura une récompense. Que celle-ci soit mineure. Mais montrez-lui que vous appréciez sa délicatesse. Une visite spéciale au parc en l'honneur de son beau geste est toujours de mise.

Si cela ne fonctionne pas, retirez-lui quelque chose chaque fois qu'il refuse de partager. Que cela lui plaise ou non, il finira par comprendre. Le plus tôt vous mettrez un terme à des habitudes irritantes comme celle-là, le plus tôt vous aurez de facilité et du plaisir à jouer votre rôle de parent.

«Mon enfant se conduit mal au restaurant.»

Certains enfants ont de la difficulté dans ce domaine. Ils sont tout bonnement incapables de rester assis tranquilles. Vous ne pouvez exiger que votre enfant se tienne bien que si vous êtes convaincu qu'il en a la capacité.

Qu'êtes-vous prêt à faire pour punir votre enfant de son comportement indiscipliné? Dites-lui que s'il recommence, il manquera son émission favorite de l'après-midi ou se passera de son jouet préféré pendant une journée. Énoncez clairement la punition, choisissez-en une que vous n'aurez pas de mal à appliquer jusqu'au bout, et votre problème devrait être en grande partie réglé. Mais soyez raisonnable. Les jeunes enfants peuvent s'ennuyer ferme au restaurant, et il faut presque toujours les divertir.

«Mon enfant est infernal à l'épicerie.»

Souvent, les parents ne trouvent pas la bonne formule pour s'assurer la collaboration des enfants à l'épicerie. Cela est malheureux, car acheter des aliments est suffisamment irritant en soi sans qu'un enfant vienne empirer la chose.

Tout d'abord, si vous comptez acheter une surprise à votre tout-petit à la sortie, ne le faites que s'il a été sage. Si vous ne pouvez vous résoudre à le priver de sa précieuse récompense, pourquoi *devrait*-il se conduire comme il faut?

Si votre enfant vous supplie constamment d'acheter certaines marques, dites-lui à l'avance quel produit, le cas échéant, il peut choisir lui-même. S'il veut participer davantage, remettez le produit sur la tablette. Cela ne lui plaira pas, mais c'est ainsi qu'il apprendra.

Jouez à des jeux sans conséquence. Par exemple, accordez-lui un point pour chaque allée dans laquelle il est tout à fait sage. Si le magasin compte 15 allées, dites-lui qu'il doit accumu-ler 14 points pour avoir une surprise. Comptez les semaines consécutives de bonne conduite et informez-en grand-mère et vos amis afin qu'ils soient fiers de lui.

Transformer les nouveau-nés en bambins de cinq ans bien éle-vés est épuisant. En infligeant des punitions raisonnables et effi-caces pour les écarts de conduite, nous connaîtrons davantage de moments de plaisir que de moments de tension. En jetant un regard sur ces merveilleuses premières années de la vie, nous serons récompensés par une multitude de souvenirs délicieux.

Mise en application:
de six à treize ans

Plus les enfants vieillissent, plus ils tentent de nous mettre à l'épreuve pour voir si nous croyons vraiment aux normes et aux comportements que nous tentons d'instaurer. Soyez prêt à relever le défi et, surtout, soyez cohérent. Rappelez-vous que nous n'essayons pas d'ôter tout plaisir à la vie familiale mais que nous tâchons plutôt d'en ajouter, en nous assurant que de piètres comportements ne gâchent pas les occasions de s'amuser et d'être unis.

«Mon enfant ne fait pas sa part dans la maison.»

C'est votre autorité qui est en cause et rien d'autre. Les travaux ménagers sont des responsabilités. Rappelez à votre enfant les punitions auxquelles il s'expose s'il ne remplit pas ses obligations. Privez-le d'argent de poche pendant une semaine ou triplez les tâches qui lui incombent la semaine suivante. Il comprendra assez vite si vous tenez votre bout.

Essayez de ne pas honorer l'une de vos obligations. Par exemple, s'il refuse de débarrasser la table, vous pouvez décider de ne pas le conduire au cinéma. Faites-lui comprendre que chaque parent a des tas de corvées à exécuter dans la maison et qu'elles doivent être accomplies pour aussi assommantes qu'elles soient. La même chose pour lui.

«Mon enfant dit de gros mots à la maison.»

Assurez-vous de bien vouloir soulever la question. En réalité, les enfants d'aujourd'hui utilisent un langage très différent du nôtre à leur âge. Ce langage ne choque pas leurs amis et souvent, moins on en fait de cas, mieux c'est.

Mais si vous voulez à tout prix modifier la situation, voici une façon amusante de le faire. Imposez une amende de 25 ¢ chaque fois que vous entendez un gros mot. La somme ainsi accumulée peut être consacrée à une future sortie familiale. Tenez par écrit le compte du montant que chaque membre de la famille doit verser au fonds. Croyez-le ou non, ce truc est efficace. Les autres enfants moucharderont quand l'un d'eux s'échappera, et vous serez étonné de voir avec quelle rapidité les modèles de langage se transforment. Même le langage de papa pourrait s'améliorer!

Si vos enfants *vous* insultent, votre problème est plus grave. Je ne peux imaginer laisser des enfants agir ainsi. Si vous ne réagissez pas, vous les laissez diriger votre maison.

Comment se débarrasser du problème? Trouvez quelque chose de terriblement important dont vous pourriez priver votre enfant la prochaine fois qu'il vous insultera. Certes, prévenez-le à l'avance afin qu'il ne puisse pas prétendre qu'il ignorait la punition qui l'attendait. Privez-le de télévision pendant un mois ou retirez-lui ses privilèges téléphoniques. Quoi que vous choisissiez, vous ne pouvez pas le laisser continuer ainsi. Vous avez beaucoup trop de valeur pour qu'on vous parle sur ce ton.

«Mon enfant regarde trop la télévision.»

Pourquoi ne pas fixer des limites? Tant de minutes par jour. Tenez le compte du temps sur un tableau et ne revenez pas sur votre parole.

Vous pouvez associer le temps de télévision à une période de lecture. Obligez votre enfant à lire pendant les annonces. Ou encore accordez-lui une heure de télévision par semaine, mais augmentez ce temps en fonction du nombre de pages lues.

Vous pourriez également associer la télévision à d'autres activités. Vous pourriez exiger que votre enfant fasse trois fois le tour du pâté de maisons à vélo pour chaque demi-heure de télévision qu'il regarde. Vous serez étonné de constater à quel point ce petit truc réduit le temps passé devant le petit écran. Et même si ce n'est pas le cas, au moins la forme physique de votre enfant s'améliorera-t-elle.

Pour rendre la télévision un peu moins désirable, décrétez qu'il est interdit de manger devant le poste. Observez bien. Vous serez ébahi de voir à quel point ses habitudes changeront. En outre, vous épargnerez une fortune en aliments vides.

«Mon enfant dérange à l'école.»

Vous êtes mis à l'épreuve. Retournez-vous et faites le mort ou défendez vos valeurs. Demandez au professeur de vous informer si l'enfant se conduit mal. Avisez votre enfant de cette conversation et des conséquences qu'entraînera toute récidive.

Vous pouvez peut-être lui retirer ses patins à roulettes ou ses chaussons de ballet. Si vous n'agissez pas d'une manière catégorique dans ce cas-ci, votre enfant n'apprendra pas, et il risque de se bâtir une mauvaise réputation qui le suivra tout au long de ses études.

«Je crains que mon enfant ne soit en train d'expérimenter l'alcool.»

L'alcool est un problème de plus en plus épineux auquel se heurtent les parents. Dites à vos enfants ce qu'il leur en coûtera d'essayer l'alcool. Presque tous les adolescents y goûtent avant d'atteindre l'âge légitime, mais pas les enfants aussi jeunes, espérons-le.

Gardez aussi peu d'alcool que possible dans la maison. Si vous n'en buvez pas souvent, achetez de petits formats plutôt que des grands quand vous recevez et même jetez ce qui reste une fois vos invités partis.

Récemment, comme l'un de mes enfants devait rédiger un rapport sur les Alcooliques Anonymes, nous nous sommes rendus au bureau de notre région pour prendre des dépliants d'information. L'expérience lui donna à réfléchir. Emmenez vos enfants chez les A.A. ou même assistez à une réunion avec eux afin qu'ils voient les souffrances qu'entraîne l'alcool.

«Mon enfant laisse traîner des assiettes sales dans toute la maison.»

Si cela vous tape sur les nerfs, amusez-vous un peu. Tenez le compte des assiettes que vous découvrez dans les chambres à coucher ou les placards. À dix, vous avez droit à une gâterie: petit déjeuner au lit ou lavage de voiture. Les mamans et les papas ne sont pas des domestiques et plus les enfants s'en rendront compte rapidement, plus chacun sera heureux.

«Mon enfant arrive souvent en retard à l'école.»

Ne faites pas de crise quand cela se produit; contentez-vous de punir votre enfant. Vous pouvez peut-être arriver en retard aux événements qui comptent pour lui. Vous trouverez la meilleure solution. Surveillez ses progrès sur son prochain bulletin et informez votre enfant que vous avez demandé à son professeur de vous appeler chaque fois qu'il arrive en retard.

«Mon enfant laisse son vélo non verrouillé et ses jouets traîner dehors toute la nuit.»

Les enfants ont parfois de la difficulté à apprendre à être responsables. Imposez au vôtre une amende chaque fois qu'il néglige ses responsabilités. Ou encore privez-le de son vélo ou du jouet pendant un certain temps. Après tout, si ces articles avaient été volés, votre enfant devrait s'en passer pour de bon.

«Mon enfant ne fait pas tous ses devoirs.»

Dites-lui que cela est *inacceptable* et punissez-le tout de suite. Évidemment, vous devez vérifier s'il a besoin de leçons particulières ou de lunettes, ou s'il y a des problèmes dans la classe. Mais une fois que l'enfant prend cette habitude, il est difficile de la lui faire perdre.

«Mon enfant ne lit pas suffisamment.»

Pourquoi ne pas l'obliger à changer? Multipliez les visites à la bibliothèque avec lui, asseyez-vous et lisez. Et s'il trouve cela difficile, raison de plus pour s'exercer.

Vous pouvez associer la lecture à d'autres activités. S'il ne lit pas un livre par semaine, pas de match de base-ball, de cours de piano ou de gymnastique. Tous nos enfants liraient davantage si nous les y forcions.

Essayez de vous réserver une période de lecture en famille, à la maison. Choisissez un ou deux soirs par semaine pendant lesquels tous les membres de la famille passeront une heure à lire ce qu'ils veulent. Demandez chaque fois à un membre différent de choisir une gâterie que vous pourrez tous goûter pendant que vous lisez ensemble. C'est une expérience incroyablement agréable.

«Mes enfants se chamaillent toujours pour être les premiers ou pour s'asseoir sur le siège avant.»

Voici la solution. Choisissez une formule arbitraire qui déterminera automatiquement quel enfant a l'honneur. Par exemple, si vous avez deux enfants, alternez les mois. En janvier, mars, mai, juillet, septembre et novembre, Jojo est le gros bonnet. Les autres mois, sa sœur l'est. Vous éliminerez ainsi d'innombrables disputes.

«Mon enfant me harcèle
pour avoir des vêtements de marque connue.»

Attendez-vous à affronter ce problème. Il est inévitable.

Si vous le pouvez, établissez un âge auquel votre enfant aura le droit de porter des vêtements de marque connue. Pas de vêtements Esprit avant 14 ans ou tout autre âge. Et ne lâchez pas! Informez votre enfant que chaque fois qu'il vous harcèlera avant le moment venu, il devra attendre deux mois supplémentaires.

Si vous *devez* à tout prix lui acheter des vêtements de marque connue, qu'il en paie une partie. Vous pourriez lui donner ce que coûterait un jean «ordinaire» et lui laisser payer la différence. Ou donnez-lui une allocation vestimentaire mensuelle et obligez-le à persévérer. Il ne paiera peut-être pas deux fois le prix pour un pull de marque connue si cela l'oblige à réduire sa garde-robe de moitié.

«Mon enfant raisonne interminablement
quand je ne lui donne pas ce qu'il veut.»

Ne le laissez pas faire. Les enfants ne possèdent pas le droit inaliénable de faire de l'obstruction. Exercer la discipline n'apportera pas la paix et un ordre relatif dans votre foyer si vous supportez des heures de récriminations chaque fois que vous passez à l'action.

Votre enfant n'a pas le droit de vous traiter ainsi. Prenez votre décision ou punissez-le, un point c'est tout. Si votre enfant continue de discuter, dites-lui que si vous entendez un mot de plus, vous lui infligerez une autre punition.

C'est peut-être pour cette raison que certains parents ne punissent jamais efficacement leurs enfants: ils ne veulent pas faire face aux crises que cela entraîne. Donc, ne supportez aucune foutaise de la part de vos enfants quand vous prenez une décision. C'est vous qui commandez.

«Mon enfant n'a pas l'esprit sportif.»

Ne l'excusez pas en disant: «Il est comme ça.» Créez un changement. C'est facile.

J'ai assisté à une remarquable démonstration de ce phénomène au cours d'un récent week-end où je jouais aux quilles. Sur l'allée voisine de la mienne, un enfant tapait du pied chaque fois qu'il ratait son coup. C'était consternant à voir.

Au bout d'un certain temps, la mère en eut assez. Elle prévint son fils qu'il paierait une amende chaque fois qu'il taperait du pied. Vous auriez dû voir cela! Au coup suivant, alors qu'il s'apprêtait à frapper le sol de nouveau, l'enfant se souvint de la menace juste à temps. À partir de ce moment-là, il n'y eut plus de crise.

Avec tous ces athlètes connus qui n'ont pas l'esprit sportif, redoublons d'efforts pour faire en sorte que nos enfants ne marchent pas dans leurs traces.

«Mon enfant se comporte très mal en voiture.»

En utilisant les récompenses et les punitions, vous devriez pouvoir opérer des changements utiles.

Dernièrement, je lisais un article sur une mère qui a conçu un système merveilleux pour venir à bout de l'inévitable «Maman, quand est-ce qu'on arrive?» Au début du voyage, elle donna à chaque enfant un rouleau de 25 ¢. Chaque fois que l'un d'eux demandait: «Quand est-ce qu'on arrive?», il devait lui donner une pièce. Ingénieux, non?

Vous pouvez aussi utiliser des points comme récompense. «Notez» vos enfants toutes les demi-heures. S'ils ont accumulé suffisamment de points à la fin de la journée, peut-être que la famille ira dîner dans un restaurant chic. Dans le cas contraire, mangez ailleurs. Ou peut-être emmènerez-vous les enfants à l'aquaparc s'ils ont gagné assez de points.

Soyez prêt à rester à l'hôtel avec l'enfant désobéissant pendant que votre conjoint et les autres enfants sortent et s'amusent. Cela lui donnera une leçon durable, et vos futurs voyages en voiture devraient être beaucoup plus agréables pour toute la famille.

En respectant nos normes tout au long de ces années, nous donnons à nos enfants une bien meilleure chance de sortir intacts de l'adolescence. Pendant cette période, ils seront soumis à de nombreuses tentations. Ils seront prêts à y résister dans la mesure où vous les habituerez à un régime aimant et cohérent.

Mise en application:
de quatorze à dix-neuf ans

Ces années sont souvent les plus orageuses et les plus traumatisantes tant pour les enfants que pour les parents. Avec tous les problèmes qui accablent la société, nous sommes portés à nous compter chanceux lorsque nos enfants survivent à ces années sans trop de cicatrices.

Nous devons nous rappeler que nous n'étions pas parfaits non plus quand nous étions adolescents et assurer à nos enfants que nous les aimons même quand ils déçoivent nos attentes.

«Mon jeune s'habille d'une drôle de façon.»

L'apparence de votre jeune ne reflète pas ce que vous êtes. Ne perdez pas de vue le fait qu'il n'aura plus la même apparence à 25 ans (Dieu merci!). Plus vous critiquerez son allure, plus il la gardera longtemps.

Vous pourriez le rendre fou, cependant, en le complimenttant sur son apparence. Rien ne le poussera davantage à la changer plus vite.

«Je crains que mon jeune ne prenne de la drogue.»

Tous les enfants sont des consommateurs de drogue potentiels: les vôtres, les miens et ceux de tout le monde. J'ai une idée; elle est un peu controversée, mais je crois que le jeu en vaut la chandelle.

Si vous avez des raisons précises de croire que votre enfant consomme des drogues, pourquoi ne pas lui faire passer un test? Si nous apprenions que notre enfant était atteint d'une forme rare de cancer, ne le ferions-nous pas examiner par les meilleurs spécialistes du pays? La situation est-elle si différente dans le cas de la drogue?

Bien sûr, cela me met mal à l'aise de penser que je pourrais forcer mon enfant à témoigner contre lui-même. Pourtant, cela me plaît encore moins de le voir s'autodétruire.

«Mon jeune s'est attiré des ennuis mineurs avec la loi.»

Ne soyez pas si pressé de l'aider. S'il est en prison, laissez-le là pour la nuit. Sinon, faites-lui visiter la prison afin qu'il voie à quoi cela ressemble.

Punissez-le pour ses actes. Si vous les avez pressentis, il aurait mieux valu que vous l'informiez à l'avance des punitions auxquelles il s'exposait. Néanmoins, soyez dur, montrez-lui que vous ne plaisantez pas et dites-lui ce qui se passera s'il récidive.

«Mon jeune ne veut pas travailler.»

Parlez-lui de vos attentes à ce sujet. S'il n'aime pas les restaurants-minute, dites-lui de trouver autre chose. Vous pouvez verser dans un fonds universitaire un montant égal à une partie du salaire qu'il gagnera. Mais surtout, veillez à ce qu'il se mêle aux autres et apprenne comment fonctionne le monde du travail.

Faites de même pour ce qui est de tondre la pelouse et de garder les enfants. *Obligez* vos enfants à le faire. Ne leur laissez pas le choix. Et s'ils ne s'acquittent pas de leurs tâches d'une manière responsable, coincez-les. S'ils peuvent négliger leur premier travail, pourquoi ne feraient-ils pas de même pour le suivant?

«Mon jeune parle trop longtemps au téléphone.»

Établissez des normes et n'en démordez pas. Il y a d'autres usagers du téléphone dans la maison et il doit les respecter. Vous pouvez déterminer une période chaque soir pendant laquelle votre jeune ne peut utiliser le téléphone. Il en informera ses amis, et vous aurez au moins un peu de tranquillité.

Le téléphone est important et permet à votre enfant de demeurer en contact avec ses amis, aussi soyez raisonnable. Toutefois, vous ne ferez pas de bien à votre enfant en lui laissant croire qu'il est roi et maître dans la maison.

«Mon jeune boit de l'alcool.»

Un autre problème difficile. Vous voulez lui enseigner que c'est mal, mais vous voulez également qu'il se sente libre de vous appeler pour que vous alliez le chercher quand il est ivre. En fait, s'il vous appelle, je ne vois pas comment vous pourriez le punir.

Il peut être utile de lui expliquer que des enfants peuvent devenir alcooliques. Surtout, gardez l'œil ouvert. Il ne vous reste qu'à espérer que son éducation l'aidera à se modérer pendant ces années.

«Mon jeune veut prendre une année sabbatique à la fin de ses études secondaires.»

Est-ce si condamnable? Plus un étudiant est âgé quand il entre à l'université, plus il tire profit de son expérience. Évitez simplement de subvenir à ses besoins financiers pendant cette année-là. Assurez-vous qu'il travaille. Vérifiez sa source de revenu; s'il semble n'en avoir aucune, il se peut qu'il vende de la drogue.

Dire à l'adolescent qu'il devrait prendre une année de congé est souvent le meilleur moyen de le faire changer d'idée.

147

«Mon jeune a des rapports sexuels.»

Les opinions sont tellement divergentes à ce sujet qu'il est presque impossible d'en formuler une qui ne contrariera personne. Ici encore, tout en expliquant à votre enfant les aspects positifs et négatifs d'une vie sexuelle active, vous voulez aussi lui montrer qu'il aura toujours sa place dans la famille et que vous l'aimerez toujours, peu importe ce qu'il fait.

Malgré toutes les maladies sexuellement transmissibles, la tendance à avoir des rapports sexuels à un âge relativement jeune est plus forte que jamais. Votre meilleure défense consiste peut-être à informer votre jeune de tous les aspects qui concernent le sexe et de lui rappeler le lourd fardeau qui incombe à un parent.

«Mon jeune est incapable de garder un emploi.»

Certains enfants font exprès pour perdre leur emploi parce qu'ils préfèrent rester à la maison ou s'amuser. Prévenez le vôtre que, s'il quitte son emploi, vous appellerez son patron et lui demanderez pourquoi. Cela ne lui plaira pas ou l'embarrassera, mais tant pis! Cela pourrait tout simplement le garder sur la bonne voie.

«Mon jeune me rend dingue à propos de la voiture.»

Conduire est l'un des changements les plus excitants de l'adolescence. Soudain, votre enfant a les moyens d'aller où il veut, selon son bon plaisir et en grande pompe.

La voiture devrait servir de récompense et de punition. Dites à votre jeune que, s'il ne répond pas à certaines exigences réalistes concernant ses résultats scolaires, il n'aura pas le droit d'apprendre à conduire. Associez l'utilisation continue de la voiture à son comportement ou à son rendement scolaire afin qu'il soit fortement motivé à obéir et à rester sur la bonne voie.

Tenez votre enfant pour responsable de son dossier de conducteur. S'il est surpris à faire de la vitesse, obligez-le à payer l'amende. Si vos assurances augmentent en conséquence, qu'il paie aussi le supplément. Demandez à votre agent d'assurances de l'informer des hausses de prime qu'entraîne un accident. Et rappelez constamment à votre jeune qu'une voiture peut être dangereuse et que la conduite en état d'ivresse occasionne de nombreux problèmes.

Votre enfant adore la voiture. S'il s'en sert mal, retirez-lui-en l'usage. Si cela ne l'incite pas à rentrer dans les rangs, rien d'autre ne le fera.

«Mon jeune ne respecte jamais son heure de rentrée.»

L'usage de sanctions devrait vous permettre de venir à bout de ce problème. Jouez à un jeu en vertu duquel vous repousserez l'heure de rentrée de votre fille si elle la respecte dix fois de suite. Ou annoncez-lui que chaque retard de cinq minutes la privera de la voiture pendant une journée.

«Mon jeune a de mauvaises fréquentations.»

Vous ne pouvez pas faire grand-chose à ce sujet. Encouragez-le à se joindre à des groupes différents où il pourra rencontrer des gens nouveaux. Si ses amis sont carrément délinquants, interdisez à votre jeune de les fréquenter. Sachez toutefois que les parents exagèrent souvent la mauvaise qualité des fréquentations de leurs enfants. Peut-être que celles de votre jeune sont meilleures que vous ne le pensez.

N'oubliez pas de punir tout écart de conduite en général. Vous limiterez peut-être ainsi la mauvaise influence du groupe.

«Mon jeune écoute sa musique à plein volume.»

Facile. Après un avertissement, retirez-lui sa chaîne stéréo pendant un certain temps. Si votre enfant recommence, ôtez-la-lui pour une période trois fois plus longue.

«Mon jeune me ment.»

Tous les enfants font cela à l'occasion, je crois. N'en faites pas tout un plat sauf si cela devient une habitude. Dans ce cas, ne vous gênez pas pour punir le vôtre.

«Les résultats scolaires de mon jeune sont médiocres.»

Agissez rapidement, mais assurez-vous que vos attentes sont réalistes.

Dites à votre enfant que s'il n'obtient pas tel résultat réaliste, il ne pourra plus utiliser la voiture. Vous pouvez diminuer son argent de poche ou le priver d'un événement sportif. Quelle que soit la sanction que vous choisissez, appliquez-la et surveillez les améliorations.

«Mon jeune se conduit mal depuis des années.»

Ça va. Vous pouvez encore le changer.

Tout d'abord, choisissez les deux ou trois comportements que vous désirez le plus changer. Puis informez votre enfant qu'un jour nouveau vient de se lever, que vous savez qu'il vous mettra à l'épreuve et qu'assurément il perdra.

Expliquez-lui d'avance les conséquences précises, raisonnables et significatives qu'entraînera tout écart de conduite. Puis tenez parole et, sans émotion, appliquez les sanctions promises. Ne vous dégonflez pas. Quand votre jeune se rendra compte que vous ne plaisantez pas, il n'aura d'autre choix que d'améliorer son comportement.

Aussi incroyable que cela puisse paraître, la plupart des enfants survivent à l'adolescence et mènent des vies normales. Toutefois, la façon dont ils traiteront plus tard leur conjoint et leurs enfants est en partie déterminée par nous. En étant aimants, stricts et inventifs, nous donnerons à nos enfants une excellente base pour mener une vie heureuse, réussie et qui a un sens.

Propos de la fin

Questions et réponses

Si vous vous êtes rendu jusqu'ici, vous avez peut-être des questions à poser. J'ai tenté d'en deviner quelques-unes.

«Qu'est-ce qui vous donne le droit de proposer ces idées?»

Bonne question. Je ne suis ni un psychiatre ni un théoricien culturel. Mais je suis un parent qui a l'impression désespérée que nos enfants doivent changer. Le sens du travail agonise, la sous-performance est en train de devenir respectable et le nombre de toxicomanes et d'alcooliques grimpe en flèche.

Peut-être que nous, les parents, avons attendu trop longtemps que les experts résolvent les problèmes. Nous sommes ceux qui connaissons le mieux nos enfants. Pourquoi ne pas nous organiser, partager nos idées, avancer des solutions et nous donner une chance de diminuer nos problèmes? En nous engageant et en travaillant *avec* les experts, peut-être que nous atteindrons les meilleurs résultats pour nos enfants.

Mais somme toute, je ne crois pas que mes antécédents soient très importants ici. Ce qui compte, c'est si j'ai décrit avec précision certains de nos jeunes et si les suggestions que je vous propose répondent aux objectifs visés.

«Vous parlez des enfants gâtés, mais n'y a-t-il pas des millions d'autres enfants qui vivent dans la pauvreté?»

Vous avez raison. La majeure partie de mon expérience touche les enfants de la classe moyenne. Aussi, certaines de mes idées ne s'appliquent-elles pas à tous les enfants. Mais, à coup sûr, une grande partie les concerne tous.

Punir les écarts de conduite est une ligne directrice pertinente pour tous les enfants, peu importe le revenu familial. Ce sont souvent les foyers les moins riches qui exercent la discipline la plus pauvre.

Même dans les familles à faible revenu, beaucoup d'enfants n'accomplissent pas de travaux extérieurs et, s'ils le font, c'est sans grand enthousiasme. Pourtant, dès l'instant où leurs parents auront de l'argent, vous savez très bien que les enfants exigeront et recevront tous les jouets annoncés à la télévision qu'on leur refuse aujourd'hui.

«Nos enfants sont-ils vraiment aussi gâtés que vous le dites? N'est-ce pas plutôt un stéréotype que vous décrivez ici?»

Oui, mais comme tout stéréotype, le mien comporte une part de vérité. Peut-être que votre enfant travaille fort à l'école, mais n'en est pas moins esclave de la mode ou peut-être qu'il est prévenant et respectueux, mais incapable de conserver un emploi. Les excès sont si répandus que rares sont les enfants qui ne sont pas affectés par eux.

«N'est-il pas normal qu'une génération croie systématiquement que la suivante est gâtée?»

Bien sûr que c'est normal. Au fait, vous ai-je dit que je marchais 60 kilomètres pour me rendre à l'école?

S'il s'agissait simplement de critiques générales, je ne pense pas que je toucherais une corde sensible. Quand j'affirme magistralement que, malgré tout ce que nous faisons pour eux, jamais nos enfants n'ont été moins heureux, rares sont les parents

154

qui se montrent en désaccord avec moi. Le sens du travail décline, la courtoisie a mauvaise presse, nos universités publient des statistiques sur le crime, les cadeaux sont considérés comme des droits acquis et bien des enfants croient qu'ils ont été mis sur terre à seule fin de s'amuser.

Nous mettons nos enfants sur un piédestal; nous sommes obsédés par leur bonheur; nous voulons les protéger de toutes les déceptions. Ce phénomène est nouveau; et il est mauvais. Et dans l'intérêt de nos enfants, cela doit changer très rapidement. Car, en dépit de tous nos sacrifices, nous ne produisons pas des enfants plus heureux qui réussissent mieux.

«Votre propos n'est-il pas très négatif avec toutes ces remarques sur les punitions? Les enfants ont besoin de s'amuser aussi, non?»

Bien sûr que oui. Montrez-leur comment. Entourez-les d'amour et d'attention et faites-leur cadeau de votre temps. Ce n'est pas seulement votre responsabilité en tant que parent, mais cela facilite l'exercice de la discipline. Sans nul doute, les bons parents auront plus de facilité à appliquer mon programme.

«Que dire de la pression des pairs? Que faire si tous les amis de mon fils font quelque chose? Comment puis-je le lui refuser?»

Ce n'est pas facile, mais vous trouverez bien une façon. Le meilleur remède contre la pression des pairs est d'être un excellent parent et de montrer à votre enfant tout ce qu'il possède et que ses amis n'ont pas.

Cela mis à part, dites à votre fils que ce que font les autres parents vous importe peu. Dites-le-lui clairement dès son jeune âge. Soulignez le fait que beaucoup d'enfants ont des problèmes en vieillissant et dites que vous comptez éviter cela.

Vérifiez toujours auprès des parents de ses amis si votre fils décrit correctement la réalité. Est-ce que tous ses amis vont au Mexique ou seulement un? Est-ce que tous sortent avec quelqu'un ou seulement une jeune fille? Laurent a-t-il eu une voiture neuve ou une bagnole qui ne vaut pas cher?

Si vous permettez à votre enfant de faire une chose juste parce que son camarade le fait, vous risquez de laisser le pire parent de la classe fixer les normes de rendement pour l'école tout entière.

«La mise en application de vos idées ne risque-t-elle pas de rendre les enfants agressifs?»

C'est possible. Et alors? Expliquez le programme à votre enfant aussi clairement et calmement que possible. S'il devient agressif parce que vous parlez de punitions, cela montre l'importance de prendre les choses en main. C'est vous qui commandez, pas lui.

«Quelle partie du plan est la plus importante?»

La cohérence. Annoncer qu'un nouveau jour se lève au chapitre de la discipline est absurde si vous offrez des lendemains sans punitions. Voilà la clé, l'élément obligatoire. Si vous n'infligez pas vos punitions jusqu'au bout par paresse, c'en sera fait de vous, et votre enfant recommencera à diriger la maison.

«Mon enfant a déjà 18 ans. Est-il trop tard pour l'amener à changer?»

Si votre enfant ne vit pas chez vous et que vous ne l'aidez pas financièrement, cela est certes difficile. Mais vous pouvez toujours formuler vos attentes et exprimer votre déception s'il n'y répond pas. Si vous fournissez une aide financière à votre enfant, vos chances de l'influencer s'en trouvent augmentées.

«Qu'y a-t-il de mal
à donner à un enfant ce qu'il demande?»

Rien. Les problèmes surgissent quand vous comblez tous ses désirs. Il perçoit alors les cadeaux comme des droits acquis et, comme il en a beaucoup, il ne les apprécie pas.

«Votre programme n'est-il pas unidimensionnel
puisqu'il n'est axé que sur les punitions?»

Vous avez raison, puisqu'il est clair que je mets l'accent sur les punitions. L'avantage de ce programme, c'est que l'enfant sait à quoi s'en tenir et connaît les conséquences qu'entraînera sa désobéissance. Résultat: il y a de bonnes chances pour qu'il se conduise bien.

Personne ne s'oppose à ce que vous tentiez de comprendre *pourquoi* les enfants agissent comme ils le font et, manifestement, plus vous parlez de sentiments avec vos enfants, mieux c'est. Si un enfant a peur dans sa chambre, rassurez-le et évitez, bien sûr, de le punir. Il y a bien des fois où vous réagirez de cette façon. Si possible, essayez *toujours* de trouver la cause première d'un comportement.

Parfois cependant, il est presque impossible de savoir pourquoi un enfant agit de telle ou telle façon. Souvent, il ne le sait pas lui-même. Au lieu de vous embourber dans une analyse profonde de chaque écart de conduite, mieux vaut lui infliger une punition et voir si le comportement disparaît.

Chose ironique, si vous maintenez une discipline efficace, vous aurez rarement besoin de punir. Vos enfants sauront qu'il y a des limites et vous obéiront parce qu'ils seront sûrs de payer le prix de leur insoumission. Vous aurez donc plus de temps pour vous amuser. Les foyers où les enfants ne sont pas soumis à une discipline efficace résonnent constamment de cris, de hurlements et de menaces de punition.

Il est clair que chaque famille peut tirer la ligne là où elle le juge approprié. En ce qui touche les heures de rentrée, certaines auront les idées plus larges, d'autres, des idées plus traditionnelles. Certains parents exigent que l'enfant range sa chambre, d'autres non. Peu importe où se situent les limites précises de votre famille, ce qui compte, c'est que vous infligiez aux enfants des punitions raisonnables quand ils les dépassent.

«Les problèmes plus graves auxquels se heurte la société ne sont-ils pas la cause des écarts de conduite de certains de nos enfants?»

Bien sûr. L'alcoolisme, la violence faite aux enfants et la pauvreté font des ravages tous les jours. Mais il n'existe pas de solutions rapides et faciles à ces problèmes. Serait-il logique de mettre nos valeurs au congélateur pendant 25 ans en attendant que la société se remette sur pied? De nombreux parents sont aux prises avec des problèmes; n'est-ce pas une raison suffisante pour appliquer énergiquement nos normes?

«Quelles responsabilités supplémentaires incombent aux parents dans tout cela?»

Des tas. Donnez l'exemple. Si vous êtes esclave de la mode, vos enfants le seront aussi. Si vos enfants voient que vous buvez trop, pourquoi n'auraient-ils pas un penchant pour l'alcool? Si vous êtes négatif et frustré par la vie, pourquoi votre attitude ne déteindrait-elle pas sur eux?

Faites ce que vous avez à faire. On ne peut pas gâter un bébé en lui donnant trop d'affection. Cajolez et aimez ce précieux petit paquet. Les enfants grandissent tellement vite!

Faites des activités avec vos enfants, réservez-leur de bons moments et montrez-vous sous votre vrai jour, avec vos forces et vos faiblesses. Vos jeunes savent que vous n'êtes pas un superhéros. Confiez-leur les erreurs que vous avez commises afin qu'ils soient moins enclins à les répéter. Et reconnaissez vos torts. Dès l'instant où vous affichez votre côté humain, vous devenez encore plus digne d'amour.

Surtout, ne baissez pas les bras. Il est tellement facile d'accepter la médiocrité que nous oublions parfois à quoi ressemble l'excellence. Les valeurs ne dégringolent pas de A à Z du jour au lendemain. Dommage, car alors nous le remarquerions et ne permettrions pas qu'elles le fassent.

Les valeurs déclinent lentement, imperceptiblement. Quand nous remarquons le changement, il nous paraît souvent mineur: inutile d'en faire tout un plat. Parfois, nous nous taisons parce que nous craignons l'opinion des autres même si, très souvent, ceux-ci pensent exactement comme nous.

Dernièrement, je bavardais avec le gérant d'un restaurant-minute qui soutenait que de nombreux clients se plaignaient du service. Sur un ton défensif, il m'a demandé: «Savez-vous à quel point c'est difficile de travailler avec des enfants aujourd'hui?»

Dès l'instant où nous mettons nos valeurs de côté parce qu'une gestion efficace est un travail ardu, nous avons perdu la partie. Disney World et la plupart de nos parcs thématiques populaires fonctionnent à merveille avec les *mêmes* adolescents, lesquels gardent les lieux immaculés et offrent un service courtois.

Nous devons avoir le courage de risquer l'impopularité temporaire qui touche ceux qui refusent de faire des compromis au sujet de leurs valeurs.

Conclusion

Nous devons amorcer maintenant le processus qui nous permettra de reprendre nos enfants en main. Restaurer les notions de travail, de valeur et de discipline. Les excuses et les excès doivent cesser. Tout écart de conduite doit être puni. C'est ainsi que le monde a toujours fonctionné et que, sans aucun doute, il fonctionnera à l'avenir.

Au football, il existe des reprises instantanées, mais pas dans la vie. Nous devons prendre dès aujourd'hui la vie de nos enfants en main. Ils demeurent avec nous pendant si peu de temps. Pourtant, les valeurs et les idéaux qu'ils assimilent sous notre toit s'intègrent non seulement à leurs habitudes pour le reste de leur vie, mais à celles de *leurs* enfants aussi.

Donnez à vos enfants des valeurs en lesquelles croire et montrez-leur que celles-ci ont tant d'importance qu'elles méritent d'être défendues à coup de punitions s'il le faut.

Concentrez-vous sur *vos enfants* plutôt que sur leurs idoles commerciales. Nous devons les aimer davantage tout en leur donnant moins. Un t-shirt peut à l'occasion être uni, ou un coffre à jouets à moitié plein, mais nos enfants seront comblés, et leurs chances de réussite futures seront meilleures.

Car même si nous sommes obsédés par le bien-être de nos enfants, ceux-ci ne se sentent pas bien. Nous, parents, devons descendre nos enfants de leur piédestal, nous accepter et nous pardonner davantage à nous-mêmes, et nous montrer plus exigeants envers nos enfants. Nous devons comprendre qu'une discipline efficace et raisonnable fait autant partie de l'amour que les étreintes et les baisers.

Nous devons nous atteler à la tâche dès aujourd'hui. Pas pour notre profit, même si nous en tirerons profit. Pas pour nos portefeuilles, même si nous épargnerons sans aucun doute quelques dollars. Mais pour nos enfants qui ont désespérément besoin d'apprendre que la vie n'est pas sans douleur et que les déceptions, les sacrifices et les échecs occasionnels font autant partie de la vie que les ornements de fête, les camps de soccer et les Nintendos.

Certains d'entre nous, parents chanceux, entendrons un jour nos enfants adultes nous remercier pour le comportement et les valeurs que nous leur avons inculqués. Pour la plupart d'entre nous, toutefois, ce jour n'arrivera sans doute jamais. Mais dans nos cœurs, nous aurons la certitude d'avoir transmis un héritage précieux de bienséance, de justice et d'équilibre à nos enfants et à nos petits-enfants. De les avoir menés sur la bonne voie, même si ce n'était pas nécessairement la plus facile ni la plus populaire. D'avoir vu plus loin que le bout de notre nez et donné à nos enfants ce dont ils avaient besoin et pas seulement ce qu'ils voulaient.

Et c'est cela être parent.

Table des matières

MISES EN APPLICATION

PROPOS DE LA FIN

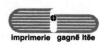

imprimerie gagné ltēe

IMPRIMÉ AU CANADA